SAT
PREP 2023 - 2024
VOCABULARY
BUILDER
- Vol. 1 -

The Most Effective
VISUAL SAT STRATEGY

To you who enjoy the thrill of challenging your creative mind,

and to Alex and Annabelle,
for taking your SAT Test in 2023

\-   Dex Saunier

Scan to visit

DexSaunier.com

Original SAT Prep 2023 - 2024 Vocabulary Builder Vol. 1
Visual Puzzles & Memory Challenges
A Dex Saunier Classic

ISBN: 979 - 8389229372

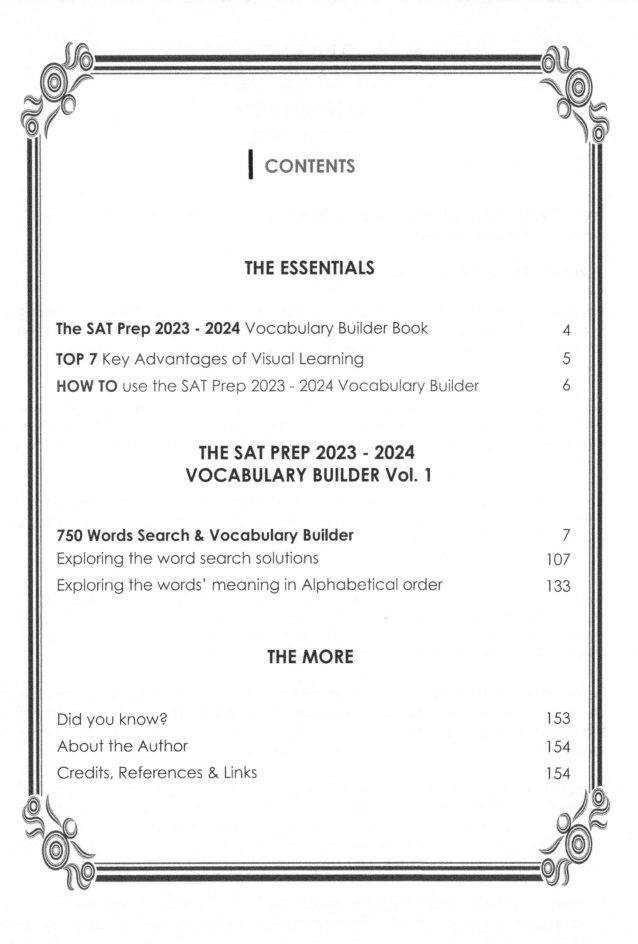

| CONTENTS

THE ESSENTIALS

THE SAT PREP 2023 - 2024 VOCABULARY BUILDER Vol. 1

THE MORE

The SAT PREP 2023 - 2024 VOCABULARY BUILDER
- Vol. 1 -

The SAT Prep 2023 - 2024 Vocabulary Builder (Vol.1 & Vol.2) is based on the Concept of Visual Learning.

... But what is Visual Learning?

Visual learning is the method through which we process information by seeing it. It is one of the best types of learning styles. We are good at remembering information presented through images, graphics, charts, maps, and videos. They are caught visually in our memory and for a much longer time.

With the ever-rising presence of visualization in every aspect of our digital world, its crucial role in our learning experience is not surprising. We find the experience more rewarding, and it works on the principle of how to do it rather than by just telling.

According to the Social Science Research Network, about 65 percent of us humans are visual learners. It simply means we understand better when we see things. We don't need to learn everything by heart.

Our brain captures the image of what it sees, based on spatial awareness, images, colors, brightness, or any other visual information. Visual learning can help us achieve and manage learning objectives better and more quickly. We tend to think more critically and develop our problem-solving skills, decision-making skills, and a better understanding.

Referring to another daily example, if we have misplaced our keys or any object, we tend to close our eyes and imagine its location. This little trick works more than often miraculously. This process enables us to remember things. It is how we realize the importance and effect of visual images in our lives.

Visual learning is fast. Imagine: According to studies, we process images 60,000 times faster than words. That doesn't mean we can learn 60,000 more things in the same amount of time, but it does mean we tend to learn at a much quicker rate. And with the speed at which everything moves these days, any time advantage we gain is a huge win.

The SAT Prep 2023 - 2024 Vocabulary Builder Vol. 1 & Vol. 2 – will engage you, have a powerful impact on the learning path of your SAT Vocabulary, and facilitate your learning experience. You will learn much faster and potentially achieve higher results!

The SAT
PREP 2023 - 2024
VOCABULARY
BUILDER
- Vol. 1 -

TOP 7 Key Advantages of Visual Learning in Building our SAT Vocabulary Mastery

1. **A Better Learning Tool:** Visual information requires the presence of an important part of our brain to process it. Images are directly stored in our long-term memory, where they get indelibly engraved. Our mental power to remember things is strengthened in the process.

2. **Stimulates Retention:** Since images and videos get directly processed by our long-term memory, visual learning essentially works on long-term information retention.

3. **Promotes Easier Learning:** It is an all-around form of learning. Visual learning eases learning for all of us since it revolves around the visual form, which attracts more of our attention.

4. **Learning by Doing:** When learning involves self-help in games and activities, it develops our mental flexibility. We seek and find solutions on our own, and it helps us remember better.

5. **Promotes Self-Study:** Understanding the concepts becomes easier when learning through presentations, games, audio and video, informative webinars, etc. We become more motivated and engaged in learning by ourselves, thus supporting our growth mindset.

6. **Learning Becomes Fun:** With games, interactive sessions, fun activities, and such, learning automatically becomes a favorite pastime. Our engagement grows along with our concentration levels. Visual learning makes the learning process fun by establishing a connection with the image or video. Our concentration level is thus drastically improved by engaging ourselves with our study topics, much contrary to traditional learning. These are the best learning tools when we want to self-study.

7. **Ensures Motivation:** Once we understand the topics, it becomes easier to develop a growing interest. Our learning process is then hastened, and we tend to retain better. Our motivation to go on ensues and suddenly fetching better results (and higher grades in exams) becomes a cakewalk.

In 4 words: **Visual Learning is Powerful.** Use it to build today your SAT Vocabulary Mastery and more as you develop other skills!

The SAT PREP 2023 - 2024 VOCABULARY BUILDER
- Vol. 1 -

How to use efficiently your SAT Prep 2023 - 2024 Vocabulary Builder Vol.1 & Vol.2?

1. Start by playing one word search a day: By looking at the words several times, you will not only memorize them but as well remember their exact spelling. While you may be familiar with some of them, others might be potentially new to you. It is an incredible chance to learn them in a play mode and acquire their picture memory. The solution to each word search is given at the end of the book.

2. Challenge your memory, recall and write down for yourself the meaning of each word. There are 15 words per day to assimilate (15 per page). 15 is enough to memorize in a day (unless you have a super memory and can add more!). For simplicity, the definitions and meanings of these words are given at the end of the book, and in alphabetical order. Check your score after each challenge.

These 2 books will help you memorize – through Visual Learning – the 1,500 most recurrent SAT words.

P.S. My younger daughter and my niece are taking their SAT in 2023 and are currently experiencing their vocabulary-building journey through these two edited books. They love it and are learning faster than ever.

Enjoy your SAT Prep 2023 - 2024 Vocabulary Builder Vol. 1 and Vol. 2.

I wish you great success in your incoming SAT.

- Dex Saunier

> The SAT Prep 2023 - 2024 SAT Vocabulary Builder Vol. 1 & Vol. 2 feature **1,500 words and meanings commonly appearing during a SAT test**. These books is a complementary addition to your SAT preparation, by actively facilitating your memory retention in a different and more relaxed way.

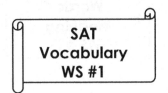

SAT
Vocabulary
WS #1

```
V  B  N  U  U  L  E  T  T  O  X  A  F  J  H  C  G
Y  M  O  C  Q  F  C  O  A  A  B  Y  W  J  G  E  D
J  L  E  N  O  X  I  O  U  S  L  O  M  H  E  W  R
W  U  F  B  G  U  P  M  H  E  O  I  I  D  C  C  E
E  F  D  L  C  K  N  I  V  N  U  M  S  V  I  E  M
N  P  C  I  E  O  L  T  R  E  V  O  C  M  J  I  U
O  H  E  E  C  F  E  I  E  B  L  M  Z  C  A  Q  N
A  H  A  N  G  A  R  L  B  R  E  D  N  E  G  N  E
A  B  O  F  V  R  L  N  R  I  F  T  N  F  R  Q  R
Q  N  R  R  I  O  Z  P  H  F  G  E  W  I  U  O  A
U  N  Z  A  D  Y  M  A  I  R  T  O  I  M  K  Q  T
R  B  E  N  S  A  I  N  B  V  B  M  T  T  P  K  I
Z  X  B  C  Q  I  H  C  R  H  A  M  P  E  R  D  O
Y  Z  H  H  A  B  V  V  H  P  O  A  E  P  L  P  N
J  E  N  I  E  E  P  E  K  X  D  R  J  E  M  Q  Q
L  T  J  S  Q  G  F  E  Z  S  M  L  M  A  Y  L  H
Q  B  W  E  E  Q  U  M  N  L  F  M  B  N  M  C  Y
```

ABHOR
ENFRANCHISE
NOXIOUS
TALISMAN
COVERT

BIGOT
HAMPER
PLACID
ABRASIVE
ENGENDER

COUNTERFEIT
KINDLE
REMUNERATION
BILK
HANGAR

Words' Meaning WS #1

Abhor

Bigot

Counterfeit

Enfranchise

Hamper

Kindle

Noxious

Placid

Remuneration

Talisman

Abrasive

Bilk

Covert

Engender

Hangar

SAT
Vocabulary
WS #2

```
G  W  K  T  K  P  F  S  D  C  H  K  O  C  G
U  Q  R  F  M  E  R  E  W  O  C  C  U  B  I
V  P  T  I  L  S  T  V  C  V  V  V  V  E  F
W  T  B  R  A  E  I  E  K  N  O  T  T  Y  C
Z  A  G  R  B  B  U  R  L  N  A  V  C  O  C
P  N  B  M  Y  R  A  G  A  P  W  H  H  C  I
D  G  L  P  R  K  G  S  N  I  E  O  N  K  C
J  E  B  L  I  J  H  N  E  A  G  R  N  E  I
V  N  U  A  N  C  E  C  I  M  R  A  M  E  T
V  T  C  I  T  J  Z  F  B  W  E  A  L  F  R
I  N  L  N  H  N  V  O  V  T  O  N  H  P  M
X  H  A  T  A  N  G  I  B  L  E  L  T  A  F
D  A  G  I  B  M  L  E  Y  F  I  L  L  U  N
F  V  K  F  N  C  X  T  A  S  C  K  D  I  N
X  S  W  F  O  D  Z  X  Q  Q  L  C  N  U  B
```

KNOTTY	NUANCE	PLAGIARISM
RENOWN	TANGENT	ABASEMENT
BILLOWING	COWER	ENHANCE
HARANGUE	LABYRINTH	NULLIFY
PLAINTIFF	REPLETE	TANGIBLE

Words' Meaning WS #2

Knotty

Nuance

Plagiarism

Renown

Tangent

Abasement

Billowing

Cower

Enhance

Harangue

Labyrinth

Nullify

Plaintiff

Replete

Tangible

My Score: .... / 15

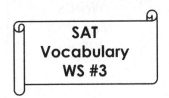

SAT
Vocabulary
WS #3

```
T T X N A V Z G Y Z Y X Q K L Q F P
K J C M O I U H N N U I X C Z W U A
W E S E N I H T N I R Y B A L U K Q
R N T H Y T T A R D Y N C K M F J R
J S D A F A N U H D V J M N C X B Y
W Z S R G E N A L C T A V L O N L U
A V P B Q O L F T O D T D R L G A M
L A L I S P R B L A S P H E M Y X E
S J A N R A O B A E L B I D E R C O
Y O U G C Y S Q A T N B A L K O K H
Y J D E N A M Y K P I I T G C M L Q
H H I R Z L E I R T P D G H S F S P
N E T S A H H S W G P R E M Q F J F
Y E L B I S N E H E R P E R A O L X
P K C Z Y I D V H R E C N O C S N E
V P K W Z S Q I H V N S V F A U F N
M O Q K L U Q E R L A U T D G U Z U
T W Q E I C N S Y R I D U C S M F R
```

ABROGATE
ENIGMA
NUZZLE
TARDY
CREDITABLE

BLASPHEMY
HARBINGERS
PLAUDIT
ABSOLUTION
ENSCONCE

CREDIBLE
LABYRINTHINE
REPREHENSIBLE
BLATANT
HASTEN

Words'
Meaning
WS #3

Abrogate

_____
_____

Blasphemy

_____
_____

Credible

_____
_____

Enigma

_____
_____

Harbingers

_____
_____

Labyrinthine

_____
_____

Nuzzle

_____
_____

Plaudit

_____
_____

Reprehensible

_____
_____

Tardy

_____
_____

Absolution

_____
_____

Blatant

_____
_____

Creditable

_____
_____

Ensconce

_____
_____

Hasten

_____
_____

My Score: .... / 15

SAT Vocabulary WS #4

```
F  R  R  Z  X  E  T  A  I  D  U  P  E  R  X  A
L  M  A  W  V  M  E  T  A  C  S  U  F  B  O  T
B  M  V  N  M  K  K  Y  F  Z  F  M  C  X  A  G
S  K  E  E  E  J  P  L  E  T  H  O  R  A  R  E
Z  E  S  O  M  Y  R  H  C  A  L  B  V  W  R  P
O  P  L  A  U  S  I  B  L  E  J  Q  Y  C  I  E
J  B  H  A  U  G  H  T  I  N  E  S  S  E  H  R
T  T  D  F  M  C  W  N  X  S  V  Z  Y  W  J  M
N  A  K  U  S  Z  R  A  J  H  N  R  L  K  Y  D
A  Y  W  G  R  E  V  E  I  R  P  E  R  V  S  J
Z  B  Q  D  A  A  Q  V  D  O  Q  H  S  M  Q  E
R  A  S  V  R  D  T  X  R  U  E  Z  M  W  S  P
F  H  C  T  V  Y  H  E  Y  D  L  J  Z  H  V  L
N  O  I  T  A  R  E  C  A  L  O  O  Y  S  U  B
L  W  B  B  L  I  G  H  T  E  D  I  U  M  T  H
Y  D  H  W  C  D  N  H  R  M  S  N  M  S  W  I
```

LACERATION	OBDURATE	PLAUSIBLE
REPRIEVE	TAWDRY	ABSTAIN
BLIGHTED	CREDULOUS	ENSHROUD
HAUGHTINESS	LACHRYMOSE	OBFUSCATE
PLETHORA	REPUDIATE	TEDIUM

Words'
Meaning
WS #4

Laceration

Obdurate

Plausible

Reprieve

Tawdry

Abstain

Blighted

Credulous

Enshroud

Haughtiness

Lachrymose

Obfuscate

Plethora

Repudiate

Tedium

My Score: .... / 15

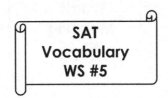

SAT
Vocabulary
WS #5

```
K  S  G  T  S  T  L  O  B  J  E  C  T  I  V  E
F  O  U  N  O  W  C  A  G  H  D  G  U  G  E  S
I  O  L  O  E  N  U  N  C  I  A  T  I  O  N  M
J  E  H  T  I  L  B  Z  R  K  L  S  B  C  V  F
Y  O  N  H  Z  M  R  S  E  L  L  G  R  D  E  J
P  L  I  A  B  L  E  U  P  G  E  U  Q  S  N  A
J  B  W  Z  O  Q  S  T  U  X  N  K  S  J  O  H
E  P  N  D  Z  B  C  D  S  A  S  I  Y  T  M  J
Y  X  U  M  J  G  I  H  C  B  Y  X  R  Z  E  E
H  I  P  W  S  I  N  M  U  S  A  S  N  C  W  R
F  G  G  Z  V  I  D  B  L  T  E  M  P  E  R  B
K  N  D  C  A  Z  N  M  A  R  B  G  J  H  S  R
D  M  Y  S  V  Y  V  O  R  U  J  C  H  Q  L  N
W  L  R  T  S  H  E  A  D  S  T  R  O  N  G  X
D  N  C  P  B  L  U  N  D  E  R  B  U  S  S  F
O  X  C  I  H  H  P  P  K  X  H  W  R  G  U  L
```

ABSTEMIOUS	BLITHE	CREPUSCULAR
ENUNCIATION	HEADSTRONG	LACKLUSTER
OBJECTIVE	PLIABLE	RESCIND
TEMPER	ABSTRUSE	BLUNDERBUSS
CRINGE	ENVENOM	HEDONISM

Words'
Meaning
WS #5

Abstemious

_ _ _ _ _ _ _ _ _ _ _ _ _ _ _ _ _ _ _

_ _ _ _ _ _ _ _ _ _ _ _ _ _ _ _ _ _ _

Blithe

_ _ _ _ _ _ _ _ _ _ _ _ _ _ _ _ _ _ _

_ _ _ _ _ _ _ _ _ _ _ _ _ _ _ _ _ _ _

Crepuscular

_ _ _ _ _ _ _ _ _ _ _ _ _ _ _ _ _ _ _

_ _ _ _ _ _ _ _ _ _ _ _ _ _ _ _ _ _ _

Enunciation

_ _ _ _ _ _ _ _ _ _ _ _ _ _ _ _ _ _ _

_ _ _ _ _ _ _ _ _ _ _ _ _ _ _ _ _ _ _

Headstrong

_ _ _ _ _ _ _ _ _ _ _ _ _ _ _ _ _ _ _

_ _ _ _ _ _ _ _ _ _ _ _ _ _ _ _ _ _ _

Lackluster

_ _ _ _ _ _ _ _ _ _ _ _ _ _ _ _ _ _ _

_ _ _ _ _ _ _ _ _ _ _ _ _ _ _ _ _ _ _

Objective

_ _ _ _ _ _ _ _ _ _ _ _ _ _ _ _ _ _ _

_ _ _ _ _ _ _ _ _ _ _ _ _ _ _ _ _ _ _

Pliable

_ _ _ _ _ _ _ _ _ _ _ _ _ _ _ _ _ _ _

_ _ _ _ _ _ _ _ _ _ _ _ _ _ _ _ _ _ _

Rescind

_ _ _ _ _ _ _ _ _ _ _ _ _ _ _ _ _ _ _

_ _ _ _ _ _ _ _ _ _ _ _ _ _ _ _ _ _ _

Temper

_ _ _ _ _ _ _ _ _ _ _ _ _ _ _ _ _ _ _

_ _ _ _ _ _ _ _ _ _ _ _ _ _ _ _ _ _ _

Abstruse

_ _ _ _ _ _ _ _ _ _ _ _ _ _ _ _ _ _ _

_ _ _ _ _ _ _ _ _ _ _ _ _ _ _ _ _ _ _

Blunderbuss

_ _ _ _ _ _ _ _ _ _ _ _ _ _ _ _ _ _ _

_ _ _ _ _ _ _ _ _ _ _ _ _ _ _ _ _ _ _

Cringe

_ _ _ _ _ _ _ _ _ _ _ _ _ _ _ _ _ _ _

_ _ _ _ _ _ _ _ _ _ _ _ _ _ _ _ _ _ _

Envenom

_ _ _ _ _ _ _ _ _ _ _ _ _ _ _ _ _ _ _

_ _ _ _ _ _ _ _ _ _ _ _ _ _ _ _ _ _ _

Hedonism

_ _ _ _ _ _ _ _ _ _ _ _ _ _ _ _ _ _ _

_ _ _ _ _ _ _ _ _ _ _ _ _ _ _ _ _ _ _

My Score: .... / 15

SAT Vocabulary WS #6

```
R  E  T  S  L  O  B  L  I  Q  U  E  A  A  X  N
B  S  D  U  A  S  F  L  E  T  L  I  H  P  J  N
J  T  P  A  A  J  E  T  A  R  E  T  I  L  B  O
N  N  S  G  L  H  D  J  R  C  R  M  V  S  Q  K
K  O  O  I  P  O  Q  Y  Z  Z  O  B  M  P  T  E
V  N  I  I  N  R  C  J  Q  V  U  N  L  U  G  Y
C  P  G  T  T  O  J  C  R  Y  P  T  I  C  L  W
W  S  F  E  U  A  D  Y  A  X  L  F  D  C  P  P
C  U  M  N  P  L  N  E  R  N  U  A  O  T  V  A
P  W  E  T  A  H  O  G  H  F  M  T  A  Y  W  M
R  X  J  A  C  S  E  S  I  T  A  L  D  T  N  L
X  A  S  T  S  Q  V  M  E  S  G  E  J  F  I  W
Y  R  D  I  A  V  L  U  E  R  E  Q  J  K  R  B
S  I  C  V  E  R  A  H  K  R  H  R  I  F  P  K
Y  W  Y  E  L  S  U  O  I  C  A  N  E  T  N  K
M  N  O  I  T  A  T  N  E  M  A  L  W  M  I  R
```

LACONIC	OBLIQUE	PLUMAGE
RESIGNATION	TENACIOUS	ACCOLADE
BOLSTER	CRYPTIC	EPHEMERAL
HEDONIST	LAMENTATION	OBLITERATE
PLUMMET	RESOLUTION	TENTATIVE

Words'
Meaning
WS #6

Laconic

Oblique

Plumage

Resignation

Tenacious

Accolade

Bolster

Cryptic

Ephemeral

Hedonist

Lamentation

Obliterate

Plummet

Resolution

Tentative

My Score: .... / 15

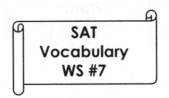

SAT
Vocabulary
WS #7

```
L  T  W  B  F  Z  Q  S  U  D  S  R  T  M
R  P  Y  S  E  R  E  H  U  Z  I  C  D  F
S  C  O  T  G  B  T  F  S  O  T  R  M  N
A  A  X  B  Y  E  C  S  E  I  U  Q  C  A
B  E  O  C  Y  N  I  C  A  L  R  N  S  A
Q  Q  B  D  X  M  C  E  M  B  S  O  E  E
L  C  L  G  L  C  L  P  G  U  M  X  O  T
G  Q  I  E  R  U  C  I  P  E  I  O  A  B
Z  J  V  L  N  P  O  S  A  J  I  D  B  S
O  E  I  B  E  Q  N  T  E  T  Q  E  O  L
R  N  O  O  P  M  A  L  Z  T  R  F  F  P
U  O  U  U  Z  H  E  E  D  Z  D  U  B  M
R  E  S  O  N  A  N  T  G  U  U  C  C  T
L  T  I  N  U  P  T  Z  M  H  X  F  O  S
```

ACQUIESCE	BOMBAST	CURTAIL
EPICURE	HEED	LAMPOON
OBLIVIOUS	PODIUM	RESONANT
TENUOUS	ACRID	BOORISH
CYNICAL	EPISTLE	HERESY

Words' Meaning WS #7

Acquiesce

Bombast

Curtail

Epicure

Heed

Lampoon

Oblivious

Podium

Resonant

Tenuous

Acrid

Boorish

Cynical

Epistle

Heresy

My Score: .... / 15

SAT Vocabulary WS #8

```
J  Z  L  L  E  C  I  T  U  E  P  A  R  E  H  T
T  A  U  K  A  T  J  B  T  Q  I  U  C  Q  W  D
K  V  Y  M  F  N  I  J  T  N  W  D  M  K  T  E
K  H  S  P  S  Y  G  P  J  R  A  R  Z  U  W  Z
D  Q  B  H  I  A  T  U  S  N  R  N  A  L  I  Y
F  J  P  K  X  A  F  I  I  E  V  X  G  F  M  N
U  A  T  Z  Y  C  Q  W  L  D  R  T  E  I  F  X
Z  I  B  O  U  R  G  E  O  I  S  L  B  A  O  X
J  T  H  Q  H  O  A  V  S  B  B  L  J  X  B  P
E  M  S  W  N  P  A  L  H  R  S  E  K  K  S  B
G  P  P  B  L  H  G  L  O  B  E  C  D  D  C  O
M  S  O  M  U  O  I  P  K  T  G  T  U  E  U  G
D  O  I  A  U  B  M  P  M  S  S  I  V  R  R  Q
T  W  S  P  X  I  O  J  D  P  U  I  U  L  E  W
O  S  E  C  N  A  L  D  I  M  P  H  P  N  D  Z
H  L  D  J  D  R  E  S  P  L  E  N  D  E  N  T
```

LANCE	OBSCURE	POIGNANT
RESPITE	TERSE	ACROPHOBIA
BOURGEOIS	DEBILITY	EPISTOLARY
HIATUS	LANGUID	OBSCURED
POISED	RESPLENDENT	THERAPEUTIC

Words' Meaning WS #8

Lance

_ _ _ _ _ _ _ _ _ _ _ _ _ _ _ _ _ _ _
_ _ _ _ _ _ _ _ _ _ _ _ _ _ _ _ _ _ _

Obscure

_ _ _ _ _ _ _ _ _ _ _ _ _ _ _ _ _ _ _
_ _ _ _ _ _ _ _ _ _ _ _ _ _ _ _ _ _ _

Poignant

_ _ _ _ _ _ _ _ _ _ _ _ _ _ _ _ _ _ _
_ _ _ _ _ _ _ _ _ _ _ _ _ _ _ _ _ _ _

Respite

_ _ _ _ _ _ _ _ _ _ _ _ _ _ _ _ _ _ _
_ _ _ _ _ _ _ _ _ _ _ _ _ _ _ _ _ _ _

Terse

_ _ _ _ _ _ _ _ _ _ _ _ _ _ _ _ _ _ _
_ _ _ _ _ _ _ _ _ _ _ _ _ _ _ _ _ _ _

Acrophobia

_ _ _ _ _ _ _ _ _ _ _ _ _ _ _ _ _ _ _
_ _ _ _ _ _ _ _ _ _ _ _ _ _ _ _ _ _ _

Bourgeois

_ _ _ _ _ _ _ _ _ _ _ _ _ _ _ _ _ _ _
_ _ _ _ _ _ _ _ _ _ _ _ _ _ _ _ _ _ _

Debility

_ _ _ _ _ _ _ _ _ _ _ _ _ _ _ _ _ _ _
_ _ _ _ _ _ _ _ _ _ _ _ _ _ _ _ _ _ _

Epistolary

_ _ _ _ _ _ _ _ _ _ _ _ _ _ _ _ _ _ _
_ _ _ _ _ _ _ _ _ _ _ _ _ _ _ _ _ _ _

Hiatus

_ _ _ _ _ _ _ _ _ _ _ _ _ _ _ _ _ _ _
_ _ _ _ _ _ _ _ _ _ _ _ _ _ _ _ _ _ _

Languid

_ _ _ _ _ _ _ _ _ _ _ _ _ _ _ _ _ _ _
_ _ _ _ _ _ _ _ _ _ _ _ _ _ _ _ _ _ _

Obscured

_ _ _ _ _ _ _ _ _ _ _ _ _ _ _ _ _ _ _
_ _ _ _ _ _ _ _ _ _ _ _ _ _ _ _ _ _ _

Poised

_ _ _ _ _ _ _ _ _ _ _ _ _ _ _ _ _ _ _
_ _ _ _ _ _ _ _ _ _ _ _ _ _ _ _ _ _ _

Resplendent

_ _ _ _ _ _ _ _ _ _ _ _ _ _ _ _ _ _ _
_ _ _ _ _ _ _ _ _ _ _ _ _ _ _ _ _ _ _

Therapeutic

_ _ _ _ _ _ _ _ _ _ _ _ _ _ _ _ _ _ _
_ _ _ _ _ _ _ _ _ _ _ _ _ _ _ _ _ _ _

My Score: .... / 15

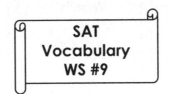

SAT
Vocabulary
WS #9

```
G  F  T  D  N  T  L  Y  O  L  B  L  V  P  H  O  T  U
L  N  Q  Q  H  S  I  U  G  N  A  L  B  A  Q  Y  K  Y
L  L  I  B  O  I  O  A  K  M  J  C  K  J  U  K  S  E
F  E  H  K  W  Q  E  B  N  M  L  E  I  J  R  B  B  K
N  Q  I  Q  N  F  L  R  S  A  K  G  S  M  L  A  S  X
F  U  D  U  O  U  Q  Y  O  E  H  Z  W  Q  E  U  R  D
Y  I  E  C  S  J  B  O  O  G  Q  R  R  W  S  L  C  Y
F  V  B  M  Z  D  O  E  P  Z  L  U  O  W  A  C  O  Z
J  O  O  O  N  C  H  E  D  H  N  Y  I  O  W  A  D  P
H  C  U  F  K  H  I  I  D  J  M  U  P  O  E  Y  W  T
A  A  N  U  E  Y  D  N  O  R  O  M  D  H  U  B  L  X
E  T  D  E  C  A  T  H  L  O  N  O  Q  C  I  S  U  Q
H  E  Z  A  C  U  I  T  Y  E  X  P  K  J  R  C  S  X
O  V  B  W  M  G  C  M  P  M  R  T  X  Z  F  P  S  N
F  M  T  B  R  A  G  G  A  R  T  R  A  W  H  T  G  T
T  Q  B  R  A  W  N  Y  N  A  W  R  H  C  Y  U  N  R
U  D  E  Z  I  M  O  T  I  P  E  G  Y  M  B  J  P  X
A  E  V  I  T  A  R  O  T  S  E  R  R  N  K  A  L  S
```

ACUITY	BRAGGART	DEBUNKING
EPITOMIZED	HIDEBOUND	LANGUISH
OBSEQUIOUS	POLEMICAL	RESTORATIVE
THWART	ADAMANT	BRAWNY
DECATHLON	EQUIVOCATE	HIEROGLYPHICS

Words'
Meaning
WS #9

Acuity

Braggart

Debunking

Epitomized

Hidebound

Languish

Obsequious

Polemical

Restorative

Thwart

Adamant

Brawny

Decathlon

Equivocate

Hieroglyphics

My Score: .... / 15

SAT
Vocabulary
WS #10

```
T  W  S  U  O  R  O  M  I  T  J  N  P  Y  O  S
X  A  Q  E  I  Q  A  K  E  T  E  L  O  S  B  O
N  K  D  A  A  H  L  D  E  T  G  T  W  X  S  U
H  Q  G  R  G  R  U  Y  Y  H  I  P  D  Z  E  S
J  E  S  U  O  R  E  D  N  O  P  B  V  S  S  K
E  H  V  E  H  I  K  T  I  Y  R  Q  F  G  S  P
W  T  R  D  P  K  T  Z  I  L  T  R  I  L  I  N
Y  N  A  M  R  H  Y  A  V  C  A  I  E  K  O  L
B  Q  O  C  V  R  K  E  W  E  E  R  V  M  N  Z
M  Y  Q  I  I  W  A  K  F  P  S  N  G  E  B  P
R  U  N  I  T  F  V  E  D  A  R  I  T  E  R  M
D  K  R  E  D  N  I  H  S  G  O  Y  N  I  S  B
L  K  F  O  C  J  E  T  T  R  O  N  H  K  D  S
R  F  A  N  C  R  K  T  N  N  R  D  M  P  G  X
X  Y  W  P  O  E  A  V  E  O  J  J  Z  K  J  Y
V  X  S  N  M  C  D  L  D  R  P  M  U  B  G  F
```

LARCENY	OBSESSION	PONDEROUS
RETENTION	TIMOROUS	ADROIT
BREVITY	DECORUM	ERR
HINDER	LARGESS	OBSOLETE
PONTIFICATE	RETICENT	TIRADE

Words' Meaning WS #10

Larceny

Obsession

Ponderous

Retention

Timorous

Adroit

Brevity

Decorum

Err

Hinder

Largess

Obsolete

Pontificate

Reticent

Tirade

My Score: .... / 15

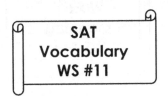

SAT
Vocabulary
WS #11

```
H  R  H  F  C  K  G  H  X  Y  N  Z  U  F  B  M  Z
R  C  E  S  U  O  R  E  P  E  R  T  S  B  O  H  O
E  E  X  T  C  X  Y  P  H  O  X  A  W  Z  G  W  D
L  D  T  E  T  Z  K  A  E  Q  U  Q  O  G  E  Y  Y
B  K  J  R  C  I  N  O  I  R  T  S  I  H  T  Q  N
V  L  W  A  A  N  T  K  E  Y  B  Y  E  A  L  N  Y
F  G  E  D  R  C  E  L  T  S  I  R  B  D  H  A  K
U  L  M  D  M  Q  T  R  Z  L  O  F  O  R  U  Q  U
H  V  X  C  X  A  G  I  E  K  A  T  Q  A  U  A  S
R  S  W  Y  J  D  E  F  O  F  H  T  E  Z  C  U  L
D  H  Z  A  O  G  Q  J  P  N  E  F  W  R  M  H  O
A  N  X  L  P  C  S  L  Y  I  G  D  R  F  I  C  B
X  Q  E  E  V  T  E  R  R  A  T  I  C  P  B  C  W
X  F  Z  T  Q  A  A  D  U  L  A  T  I  O  N  O  O
Y  T  I  S  R  E  V  D  A  B  N  X  D  X  C  H  H
Q  Y  F  T  U  O  X  D  P  D  G  P  N  P  U  R  A
N  V  C  V  A  C  P  U  F  S  D  A  Y  Q  G  K  K
```

ADULATION	BRISTLE	DECOY
ERRATIC	HISTRIONIC	LAUD
OBSTREPEROUS	PORTEND	RETRACTION
TITTER	ADVERSITY	BROACH
DEFERENCE	ESOTERIC	HOARY

Words'
Meaning
WS #11

Adulation

Bristle

Decoy

Erratic

Histrionic

Laud

Obstreperous

Portend

Retraction

Titter

Adversity

Broach

Deference

Esoteric

Hoary

My Score: .... / 15

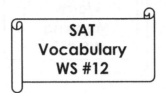

SAT
Vocabulary
WS #12

```
I  H  E  N  H  E  U  Q  E  H  Q  S  W  E
E  T  S  S  X  S  M  T  N  E  T  R  O  P
V  T  E  I  U  J  P  O  T  A  T  H  A  F
Q  V  A  D  V  O  C  A  T  E  K  Q  R  M
Q  R  C  I  L  A  P  B  G  A  N  K  U  X
A  J  G  O  L  E  L  S  S  U  Q  O  K  F
E  S  U  B  O  U  A  E  U  A  G  H  U
Y  T  P  Y  D  V  F  Q  X  W  C  D  J  F
E  D  O  W  H  N  I  E  S  C  D  Z  L  V
Q  R  M  R  Z  D  K  A  D  U  T  J  P  K
Z  C  E  G  P  J  R  Z  T  P  R  Z  A  T
Z  Y  N  V  R  I  D  D  L  E  D  B  T  V
A  Y  J  M  E  K  D  Q  L  R  Z  V  U  F
P  O  S  E  U  R  A  N  M  Z  S  P  O  R
```

LAVISH	OBTUSE	PORTENT
REVERE	TOME	ADVOCATE
BRUSQUE	DEFOLIATE	ESPOUSE
HONE	LAX	OBVIATE
POSEUR	RIDDLED	TORPID

Words'
Meaning
WS #12

Lavish

_____
_____

Obtuse

_____
_____

Portent

_____
_____

Revere

_____
_____

Tome

_____
_____

Advocate

_____
_____

Brusque

_____
_____

Defoliate

_____
_____

Espouse

_____
_____

Hone

_____
_____

Lax

_____
_____

Obviate

_____
_____

Poseur

_____
_____

Riddled

_____
_____

Torpid

_____
_____

My Score: .... / 15

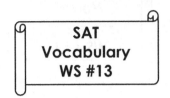

SAT
Vocabulary
WS #13

```
E O T A L Y S O E G P M N Z B J O H
W L D R N X G O B X J U Y Q N E H F
W S B R H O P O S T E R I T Y B Y C
D L U A T Z I K L P G S R D M K J F
R N R O F M W T R O P R O T P N J D
U C E B I F E U A O M I P N C A D B
C O A G X D A C L D Y Y Z C V N B F
G T U I E D O P N C A L T D I A M B
L Y C K R L J C C W F R I E Z W N B
C T R N E D B P I A C Y G S F P F D
L L A M U L N U R T L E S E U I G F
Z E C A L F O O L Q E P Y J D V R K
O D Y R O G E B H W H H C Y H V Q C
C J M I G V L D R C A W T D Q R F A
V A K Y Y P E Y O E O R F S B K L A
A E M E Z O K T J R P P K S E A A K
O Z B M W F O I C W B Y Y K T A P N
B K Y J G U A P S Q J N H H G Y U J
```

AESTHETIC	BULWARK	DEFUNCT
ETYMOLOGY	HYPERBOLE	LEGEND
ODIOUS	POSTERITY	RIFE
TORPOR	AFFABLE	BUREAUCRACY
DEGRADATION	EULOGY	HYPOCHONDRIAC

Words' Meaning WS #13

Aesthetic

Bulwark

Defunct

Etymology

Hyperbole

Legend

Odious

Posterity

Rife

Torpor

Affable

Bureaucracy

Degradation

Eulogy

Hypochondriac

My Score: .... / 15

SAT
Vocabulary
WS #14

```
M  Z  E  U  P  H  O  N  Y  D  H  I  J  L  Y
R  R  U  T  Z  L  D  I  C  I  N  B  M  W  L
D  I  E  N  A  Z  F  I  O  C  W  U  W  P  H
N  G  N  Y  A  R  L  W  C  O  H  R  T  U  Y
T  O  N  O  I  G  E  L  V  N  E  N  T  O  O
H  R  L  F  Q  G  V  B  P  O  X  I  T  R  R
D  P  A  F  U  T  I  T  I  C  T  S  G  V  S
V  I  H  I  A  N  T  V  A  L  C  H  E  M  Y
Y  W  A  C  E  C  Y  O  U  A  E  D  H  P  N
J  M  S  I  F  L  T  L  T  S  W  D  N  W  T
W  V  B  O  D  Y  B  O  F  T  Z  X  H  S  T
L  G  M  U  P  L  F  A  R  G  E  I  F  D  Z
D  M  N  S  Q  A  L  Z  T  Y  B  R  Q  N  O
L  I  U  Q  N  A  R  T  S  O  I  X  X  D  P
I  S  U  O  M  U  H  T  S  O  P  A  C  E  C
```

LEGION
RIGOR
BURNISH
ICONOCLAST
POTABLE

OFFICIOUS
TOTTER
DELIBERATE
LEVITY
ROTUND

POSTHUMOUS
ALCHEMY
EUPHONY
OLFACTORY
TRANQUIL

Words'
Meaning
WS #14

Legion

_____
_____

Officious

_____
_____

Posthumous

_____
_____

Rigor

_____
_____

Totter

_____
_____

Alchemy

_____
_____

Burnish

_____
_____

Deliberate

_____
_____

Euphony

_____
_____

Iconoclast

_____
_____

Levity

_____
_____

Olfactory

_____
_____

Potable

_____
_____

Rotund

_____
_____

Tranquil

_____
_____

My Score: .... / 15

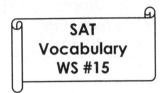

SAT
Vocabulary
WS #15

```
E E Q V Z I M A F C Y Y M Q H L L
F A K N U N D C I K K L A V A U Z
K I G V O X A I F T L H X M V Z S
X P P G G I T I O W D I Q G U Q U
E R E B E S T D R S C B F I S E T
K T X S U N U A U A Y O F G Z L N
L U A H U T H O E P T N P M M K E
Z I C N E O T M I N Z R C T L Y V
J Z E O I V N R D N I P E R S B A
L X R G J M A I E N I L Y B A Y E
M Y B H U X U C M S F M E M I S C
M F A L I B I R U O S B O D J L Y
V N T L R K O U R A N L V N X T B
C T E U L X R V D K T J R C G X Q
N I N X Y A I C P O T E N T A I F
H T R A N S C R I B E N M O K H T
T F Z W D D Z L U E U J C C E A H
```

ALIBI
EVACUATE
OMINOUS
TRANSCRIBE
DEMUR

BUTTRESS
IDIOSYNCRASY
POTENT
ALLAY
EXACERBATE

DELINEATION
LIBERTARIAN
RUMINATE
BYLINE
IGNOMINIOUS

Words'
Meaning
WS #15

Alibi

Buttress

Delineation

Evacuate

Idiosyncrasy

Libertarian

Ominous

Potent

Ruminate

Transcribe

Allay

Byline

Demur

Exacerbate

Ignominious

SAT Vocabulary WS #16

```
L  Q  L  U  V  C  T  N  E  I  C  S  I  N  M  O
Q  Q  T  U  B  C  Q  N  Q  O  F  S  D  V  T  F
P  T  S  N  A  P  A  I  E  Y  E  O  L  V  N  O
G  B  D  Y  E  L  S  C  C  T  N  K  K  M  V  O
J  I  L  D  N  M  L  D  O  J  O  J  G  D  H  Q
C  G  V  Y  C  I  I  E  G  P  R  P  G  G  E  S
P  G  N  R  O  Y  M  N  V  E  H  T  I  L  V  U
C  R  L  C  E  R  N  O  I  I  Y  O  D  N  R  Q
N  A  A  Q  R  I  E  U  N  L  A  Q  N  L  M  Q
C  Y  Y  G  G  U  Y  N  C  G  O  T  I  Y  X  O
W  I  K  L  M  D  S  C  C  B  I  M  E  K  T  M
B  K  D  E  T  A  R  E  P  S  A  X  E  N  Z  Y
E  P  H  T  S  I  T  A  M  G  A  R  P  L  Y  Y
L  P  T  R  A  N  S  I  E  N  T  A  R  U  I  H
N  K  N  I  R  A  H  C  C  A  S  M  N  S  L  Y
K  X  T  G  R  S  S  E  R  G  S  N  A  R  T  M
```

LINIMENT	OMNIPOTENT	PRAGMATIC
RUSE	TRANSGRESS	ALLEVIATE
CACOPHONY	DENOUNCE	EXASPERATED
IGNOMINY	LITHE	OMNISCIENT
PRAGMATIST	SACCHARIN	TRANSIENT

Words'
Meaning
WS #16

Liniment

Omnipotent

Pragmatic

Ruse

Transgress

Alleviate

Cacophony

Denounce

Exasperated

Ignominy

Lithe

Omniscient

Pragmatist

Saccharin

Transient

My Score: .... / 15

SAT
Vocabulary
WS #17

```
T  G  M  K  B  J  S  A  C  R  O  S  A  N  C  T  N  N
F  X  C  L  D  D  N  D  A  L  O  O  F  T  L  B  K  O
D  S  A  G  C  N  F  E  J  T  J  F  Y  N  L  S  H  W
G  E  X  C  E  P  T  I  O  N  A  B  L  E  C  D  M  R
Z  L  R  V  G  L  M  N  L  N  D  D  X  F  M  T  Q  I
K  Y  O  E  T  J  M  R  E  G  E  F  O  M  T  Y  X  E
Q  L  K  S  X  R  Q  S  Y  N  P  F  O  J  W  M  O  I
E  E  E  D  U  C  N  H  I  D  L  H  L  L  U  O  B  L
O  S  T  L  X  O  U  J  D  U  O  B  I  I  W  P  R  E
I  C  R  A  B  Y  R  L  N  B  R  G  Y  V  J  Q  W  E
W  S  S  E  N  M  D  E  P  L  E  T  E  I  N  F  R  A
A  Z  A  O  V  I  A  X  N  A  C  A  L  D  R  O  N  T
Z  S  T  K  F  A  M  E  U  O  T  E  H  A  E  H  F  G
F  O  F  L  H  J  R  U  R  S  A  E  W  X  F  Y  H  S
D  N  H  Y  E  W  H  T  L  P  O  M  A  B  G  A  U  J
S  P  P  U  Y  R  O  S  U  L  L  I  V  F  G  M  T  Q
L  Q  R  W  J  Z  B  H  D  F  I  T  X  T  U  D  A  E
C  M  S  V  W  Z  N  Z  P  I  D  E  U  Z  U  S  Y  A
```

ALOOF	CAJOLE	DEPLETE
EXCEPTIONABLE	ILLUMINATE	LIVID
ONEROUS	PREAMBLE	SACROSANCT
TRAVERSE	ALTRUISM	CALDRON
DEPLORE	EXCULPATE	ILLUSORY

Words'
Meaning
WS #17

Aloof

Cajole

Deplete

Exceptionable

Illuminate

Livid

Onerous

Preamble

Sacrosanct

Traverse

Altruism

Caldron

Deplore

Exculpate

Illusory

SAT Vocabulary WS #18

```
H  S  E  D  L  A  M  A  S  S  L  U  N  R  T  M
P  H  U  A  A  T  N  E  D  E  C  E  R  P  D  S
D  R  B  O  C  J  U  N  W  O  L  L  A  C  D  B
V  S  U  O  I  C  A  G  A  S  I  O  N  U  S  Y
H  G  D  E  U  R  V  Z  Z  I  H  B  R  D  G  B
B  M  Y  F  K  I  A  A  D  G  F  B  C  M  Z  J
K  H  A  T  B  M  E  C  D  S  Q  Y  B  H  G  P
O  I  J  J  F  M  F  M  E  L  G  I  F  H  X  T
P  H  A  L  G  O  Q  J  P  R  B  S  F  Y  D  Z
B  M  E  H  N  D  L  M  R  G  P  T  X  G  Q  T
I  Q  T  U  B  E  L  B  A  R  C  E  X  E  B  W
M  L  S  P  Q  R  O  E  V  J  T  P  U  T  Q  E
K  W  O  E  G  A  S  M  I  J  U  M  J  Q  U  K
A  R  M  F  P  T  P  L  T  R  I  N  K  E  T  O
Q  B  Z  B  V  E  N  O  Y  F  V  G  N  E  J  W
P  T  R  E  P  I  D  A  T  I  O  N  Z  G  Q  T
```

LOBBYIST
SAGACIOUS
CALLOW
IMMODERATE
PRECEDENT

ONUS
TREPIDATION
DEPRAVITY
LOFTY
SAGE

PRECARIOUS
AMASS
EXECRABLE
OPAQUE
TRINKET

Words'
Meaning
WS #18

Lobbyist

Onus

Precarious

Sagacious

Trepidation

Amass

Callow

Depravity

Execrable

Immoderate

Lofty

Opaque

Precedent

Sage

Trinket

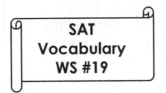

SAT
Vocabulary
WS #19

```
A  S  U  O  I  C  A  L  A  S  L  M  F  O
O  Y  I  H  D  E  L  B  A  T  U  M  M  I
D  M  T  S  Z  O  X  U  I  M  N  T  M  N
T  K  X  I  E  D  A  E  Z  Q  Z  C  J  I
G  S  U  O  U  G  I  B  M  A  F  J  K  A
D  L  N  D  E  G  E  D  L  P  C  W  Y  W
E  O  A  X  E  P  I  X  N  K  L  E  Z  G
P  N  T  I  C  R  J  B  E  A  N  A  P  F
R  G  W  N  T  F  I  R  M  Y  C  Z  R  M
E  E  R  E  E  R  O  D  N  A  C  W  T  Y
C  V  Q  Z  T  L  A  G  E  G  Q  J  R  Z
A  I  O  P  F  I  U  P  G  S  R  S  T  W
T  T  P  E  C  E  R  P  M  B  J  S  Y  W
E  Y  L  U  G  B  F  T  O  I  N  C  R  Q
```

AMBIGUITY	CANDID	DEPRECATE
EXEGESIS	IMMUTABLE	LONGEVITY
OPULENT	PRECEPT	SALACIOUS
TRITE	AMBIGUOUS	CANDOR
DERIDE	EXEMPLARY	IMPARTIAL

Words'
Meaning
WS #19

Ambiguity

Candid

Deprecate

Exegesis

Immutable

Longevity

Opulent

Precept

Salacious

Trite

Ambiguous

Candor

Deride

Exemplary

Impartial

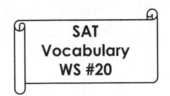

SAT
Vocabulary
WS #20

```
N M W E X T T E E K G V V F R K G
R X L X C T Q B A J W X G D C U T
Q P R E C I N C T Y T P K J L I W
T P P M A Y P S A L U B R I O U S
P Y K P D M R I G Y L E K B Q K C
J D S L L Q B O C B H A M Q U K T
G X A I W S I I T E S U I X A O R
R X Q F R O U V V A R Z T V C S U
H L T Y L R L O F A G P Q W I P A
Y L V M U N C L I E L O J P O R N
Z U P P C A N T A N K E R O U S T
X K F V I T V F P S U A N E S L G
I D B K D E P A C C G C S C D U I
U P Y Z N L O A J A H Z E M E R C
E B Y Y I G S U I C V P C P Z D R
M R M I W R D A W J P Y E I M Z N
P Y Z A Y R I L V Y A O R D A I N
```

LOQUACIOUS
SALLOW
CANTANKEROUS
IMPECUNIOUS
PRECIPICE

ORDAIN
TRIVIAL
DEROGATORY
LUCID
SALUBRIOUS

PRECINCT
AMBIVALENCE
EXEMPLIFY
ORNATE
TRUANT

Words' Meaning WS #20

Loquacious

_____
_____

Ordain

_____
_____

Precinct

_____
_____

Sallow

_____
_____

trivial

_____
_____

Ambivalence

_____
_____

Cantankerous

_____
_____

Derogatory

_____
_____

Exemplify

_____
_____

Impecunious

_____
_____

Lucid

_____
_____

Ornate

_____
_____

Precipice

_____
_____

Salubrious

_____
_____

Truant

_____
_____

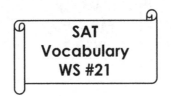

SAT
Vocabulary
WS #21

```
Y  C  D  C  Y  L  L  Y  E  A  F  H  W  S  D  J  T
I  M  Z  B  R  S  O  K  U  R  X  Z  N  Q  L  Y  J
Y  E  R  S  S  N  A  B  D  Y  A  M  O  U  D  K  A
Z  E  T  A  L  U  T  I  P  A  C  S  B  U  M  P  M
G  K  X  A  B  C  O  R  T  H  O  D  O  X  L  I  B
T  O  Y  H  R  N  O  I  T  A  R  C  E  S  E  D  U
R  N  M  H  A  C  A  Z  C  C  Z  E  P  P  N  I  L
U  Y  P  T  R  U  E  E  T  A  R  O  I  L  E  M  A
N  S  A  P  G  X  S  S  L  I  P  E  A  N  H  P  T
C  A  E  Q  Z  I  C  T  E  F  E  A  I  U  E  I  O
A  L  Y  D  G  Y  Z  W  I  D  D  L  C  G  S  O  R
T  U  D  E  H  S  I  R  E  V  O  P  M  I  G  U  Y
E  T  Z  O  Q  E  E  X  O  N  E  R  A  T  E  S  A
M  A  L  T  K  G  D  W  L  U  D  I  C  R  O  U  S
P  R  E  C  I  P  I  T  O  U  S  I  Q  D  V  T  U
K  Y  G  B  T  F  L  Z  A  V  L  A  H  S  V  M  Q
X  G  S  W  Q  P  W  R  V  P  K  L  A  Q  K  C  T
```

AMBULATORY	CAPACIOUS	DESECRATE
EXHAUSTIVE	IMPIOUS	LUDICROUS
ORTHODOX	PRECIPITOUS	SALUTARY
TRUNCATE	AMELIORATE	CAPITULATE
DESECRATION	EXONERATES	IMPOVERISHED

Words' Meaning WS #21

Ambulatory

_____
_____

Capacious

_____
_____

Desecrate

_____
_____

Exhaustive

_____
_____

Impious

_____
_____

Ludicrous

_____
_____

Orthodox

_____
_____

Precipitous

_____
_____

Salutary

_____
_____

Truncate

_____
_____

Ameliorate

_____
_____

Capitulate

_____
_____

Desecration

_____
_____

Exonerates

_____
_____

Impoverished

_____
_____

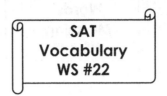

SAT
Vocabulary
WS #22

```
O V M T E P A W W D P R V T F Q Q V
W U X Q B D Z I H N K X H O F L D D
A W T W P S A N C T I M O N I O U S
O L E P V N O I T C N A S M X O G T
S A F P M M D H P A N V S M M U Q M
T V Q C C O S Y E D U T I P R U T O
E S E J A V R I G V I J F K N Y L F
N D U M R L T P C D S G Y F Z A M L
T I E O P P U Q M R U R O G T O I V
A M E L I O R A T I O N J Z T C A X
T W R K N C I E T S P X A G Y U V A
I U E A G E O O C W I Z E G Q K T D
O K M F W B L C W L G S G O F H E E
U Y B U N E C N E V U I E M C M U I
S T X Z L O K U D R U D S D S J U S
L Q X W R T I U U P J E S Q G O K
H I Z U U T X E L E L T C J P C Y D
W P E R Z T S Y Z Y V R K M B X P X
```

LUKEWARM	OSSIFY	PRECLUDE
SANCTIMONIOUS	TUMULT	AMELIORATION
CARPING	DESIST	EXORCISM
IMPROMPTU	LUMMOX	OSTENTATIOUS
PRECOCIOUS	SANCTION	TURPITUDE

Words' Meaning WS #22

Lukewarm

Ossify

Preclude

Sanctimonious

Tumult

Amelioration

Carping

Desist

Exorcism

Impromptu

Lummox

Ostentatious

Precocious

Sanction

Turpitude

My Score: .... / 15

SAT
Vocabulary
WS #23

```
Z  S  U  O  I  C  S  U  L  Y  P  R  B  V  E  Z  W
N  H  E  L  Q  J  J  F  K  A  A  A  F  C  Q  N  U
F  T  P  U  P  L  C  A  Y  L  X  H  Z  U  D  O  V
C  M  E  C  Y  Y  R  A  N  I  U  G  N  A  S  Z  L
W  G  N  T  A  U  F  B  J  G  Z  W  B  R  Y  H  J
E  C  D  O  N  R  O  S  S  E  C  E  D  E  R  P  J
Z  J  S  E  I  E  T  A  I  R  T  A  P  X  E  U  K
C  Y  L  J  S  T  I  O  W  W  B  S  W  U  M  Y  G
N  A  T  V  I  T  A  D  G  J  L  N  U  J  R  H  O
Z  R  S  Q  W  T  I  T  E  R  S  H  C  O  J  N  L
H  K  T  T  Z  T  A  T  N  P  A  M  I  T  Y  H  Y
G  T  C  I  I  G  H  B  U  A  X  P  N  E  U  J  O
V  V  L  X  L  G  B  G  T  T  C  E  H  K  Z  Y  B
G  W  A  A  M  I  A  B  L  E  I  N  J  E  S  G  K
I  N  A  D  V  E  R  T  E  N  T  O  I  O  R  Y  T
S  A  K  Y  O  U  I  D  E  S  P  O  N  D  E  N  T
B  I  I  E  X  Q  S  S  G  D  G  O  G  L  M  C  W
```

AMIABLE	CARTOGRAPHER	DESPONDENT
EXPATRIATE	INADVERTENT	LUSCIOUS
OUST	PREDECESSOR	SANGUINARY
TYRO	AMITY	CASTIGATE
DESTITUTION	EXPEDIENT	INCANTATION

Words'
Meaning
WS #23

Amiable

_____
_____

Cartographer

_____
_____

Despondent

_____
_____

Expatriate

_____
_____

Inadvertent

_____
_____

Luscious

_____
_____

Oust

_____
_____

Predecessor

_____
_____

Sanguinary

_____
_____

Tyro

_____
_____

Amity

_____
_____

Castigate

_____
_____

Destitution

_____
_____

Expedient

_____
_____

Incantation

_____
_____

My Score: .... / 15

SAT
Vocabulary
WS #24

```
H C N Y L E C I A Q B I Z L J K X T
A O A D R T U O O M Y P W K R K Q Q
H N N T V U H X T S L Z X F Y S P V
O X X J H E A G Y N B U G Y K A L Q
P O I U C A T S U F E S O P C N N R
B K J U H M R I U O R N R Q B G N P
A T W P Y P A S D O R Q I E E U N
W O N T V R R C I E H W Y M G I N I
H A X E S M S E H S P P R B E N S Y
D P B B M T H U T I P X R E I E A C
J E T D T A B B O E N R E O V O R N
V V Y M D E N C F Y T D A O D M O P
N U T O B C U I Z T I L T K Z A O G
F W Z V L J O T D Z M U X I R X N J
J J E J P L N O R E A K Q F O B I Z
G R H I N C A R C E R A T I O N C R
K Y F S Q Q R N F J V P D Y B D S E
Y H O B S M I B U M H O J Y X U Q H
```

LYNCH	OVERT	PREDICAMENT
SANGUINE	UBIQUITOUS	AMORPHOUS
CATHARSIS	DETER	EXPEDITE
INCARCERATION	MACHINATIONS	OVERWROUGHT
PREEMINENT	SARDONIC	UNALLOYED

Words'
Meaning
WS #24

Lynch

_____
_____

Overt

_____
_____

Predicament

_____
_____

Sanguine

_____
_____

Ubiquitous

_____
_____

Amorphous

_____
_____

Catharsis

_____
_____

Deter

_____
_____

Expedite

_____
_____

Incarceration

_____
_____

Machinations

_____
_____

Overwrought

_____
_____

Preeminent

_____
_____

Sardonic

_____
_____

Unalloyed

_____
_____

SAT
Vocabulary
WS #25

```
B  B  Y  G  I  X  D  S  I  F  D  S  H  N  S  K
G  M  E  D  V  W  O  T  P  R  I  F  C  T  E  F
H  E  S  E  D  H  S  A  V  A  N  T  J  J  I  R
J  C  I  T  S  U  A  C  M  Y  L  C  C  M  C  P
Z  S  P  R  N  T  I  N  C  I  P  I  E  N  T  N
M  C  Y  I  E  E  K  P  A  Q  A  T  S  H  A  U
P  A  S  M  P  V  I  N  A  L  O  J  E  A  Z  N
F  L  G  E  O  E  I  C  G  L  O  C  U  Q  D  D
V  E  R  N  Z  R  J  T  S  J  A  G  B  Z  S  E
C  M  P  T  A  H  T  A  A  E  X  T  O  L  K  R
Z  J  U  A  L  N  P  S  Y  G  R  R  A  U  Z  M
T  Y  W  L  G  O  I  J  L  H  O  P  I  B  S  I
I  S  R  L  D  C  N  M  F  E  N  R  G  Q  L  N
P  T  S  J  W  A  E  Z  O  H  A  O  E  J  Q  E
B  C  S  U  O  U  T  C  N  U  R  M  J  R  W  D
T  Y  N  R  A  Z  Q  P  H  B  S  K  V  Q  P  U
```

MAELSTROM
SAVANT
CAUSTIC
INCIPIENT
PRESCIENT

PALATABLE
UNCTUOUS
DETRIMENTAL
MAGNANIMOUS
SCALE

PREROGATIVE
ANALOGOUS
EXTOL
PALISADE
UNDERMINED

Words' Meaning WS #25

Maelstrom

Palatable

Prerogative

Savant

Unctuous

Analogous

Caustic

Detrimental

Extol

Incipient

Magnanimous

Palisade

Prescient

Scale

Undermined

My Score: .... / 15

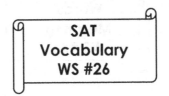

SAT
Vocabulary
WS #26

```
V  P  J  N  S  P  R  E  S  E  N  T  I  M  E  N  T
F  K  S  D  M  U  H  G  R  E  B  M  D  R  C  E  J
B  Y  P  W  Z  Q  M  K  L  I  U  E  Y  R  K  G  L
Q  R  J  P  B  P  V  J  N  C  I  R  N  B  D  G  W
D  E  R  U  O  V  E  D  V  I  L  X  Z  A  B  R  J
X  U  O  D  D  E  X  T  E  R  O  U  S  X  Z  N  E
G  G  M  X  E  J  T  A  O  G  E  P  A  C  S  Z  F
S  L  B  X  K  T  R  E  B  D  F  O  A  S  C  A  G
Y  U  N  O  I  T  A  N  I  L  C  N  I  M  A  B  R
G  G  O  J  V  U  D  N  Y  W  Y  E  L  X  V  X  W
Y  Q  N  E  L  N  I  Y  G  T  X  H  N  J  A  K  M
G  T  X  U  N  H  T  N  Y  A  I  Q  C  A  L  A  S
P  A  C  E  M  A  E  C  U  Z  M  R  F  R  C  U  W
L  E  R  O  C  S  R  E  D  N  U  D  E  B  A  R  K
O  P  A  L  L  I  A  T  I  V  E  Q  Y  L  D  N  G
W  Y  Z  V  C  T  V  W  X  M  A  L  J  N  E  H  A
A  D  D  V  I  T  N  E  R  E  H  O  C  N  I  C  U
```

ANARCHY	CAVALCADE	DEVOURED
EXTRADITE	INCLINATION	MAGNATE
PALLIATIVE	PRESENTIMENT	SCAPEGOAT
UNDERSCORE	ANECDOTE	CELERITY
DEXTEROUS	EXTRANEOUS	INCOHERENT

Words' Meaning WS #26

Anarchy

_ _ _ _ _ _ _ _ _ _ _ _
_ _ _ _ _ _ _ _ _ _ _ _

Cavalcade

_ _ _ _ _ _ _ _ _ _ _ _
_ _ _ _ _ _ _ _ _ _ _ _

Devoured

_ _ _ _ _ _ _ _ _ _ _ _
_ _ _ _ _ _ _ _ _ _ _ _

Extradite

_ _ _ _ _ _ _ _ _ _ _ _
_ _ _ _ _ _ _ _ _ _ _ _

Inclination

_ _ _ _ _ _ _ _ _ _ _ _
_ _ _ _ _ _ _ _ _ _ _ _

Magnate

_ _ _ _ _ _ _ _ _ _ _ _
_ _ _ _ _ _ _ _ _ _ _ _

Palliative

_ _ _ _ _ _ _ _ _ _ _ _
_ _ _ _ _ _ _ _ _ _ _ _

Presentiment

_ _ _ _ _ _ _ _ _ _ _ _
_ _ _ _ _ _ _ _ _ _ _ _

Scapegoat

_ _ _ _ _ _ _ _ _ _ _ _
_ _ _ _ _ _ _ _ _ _ _ _

Underscore

_ _ _ _ _ _ _ _ _ _ _ _
_ _ _ _ _ _ _ _ _ _ _ _

Anecdote

_ _ _ _ _ _ _ _ _ _ _ _
_ _ _ _ _ _ _ _ _ _ _ _

Celerity

_ _ _ _ _ _ _ _ _ _ _ _
_ _ _ _ _ _ _ _ _ _ _ _

Dexterous

_ _ _ _ _ _ _ _ _ _ _ _
_ _ _ _ _ _ _ _ _ _ _ _

Extraneous

_ _ _ _ _ _ _ _ _ _ _ _
_ _ _ _ _ _ _ _ _ _ _ _

Incoherent

_ _ _ _ _ _ _ _ _ _ _ _
_ _ _ _ _ _ _ _ _ _ _ _

My Score: .... / 15

SAT
Vocabulary
WS #27

```
V V Y I S U K C E J K B W B P W Q
L U H M Y Z D W Z L A E Q U R Y X
S I Z E O P G I M I B X M W E C D
S U N L A T E G L A I T A F Z H
B O O C A N O L K L L R L Q E C M
B S S I O C I H B S A A A E N G W
E E E C R N O M C A D P D O T W R
G J U Z R O G V O I P O Y R I S O
P O M N I U S R I S D L Y D O M E
G L D Y F N P N U U I A A K U I B
G S H R W E I U E O Q T J P S M T
U X K S G E T T L C U E Y D W N S
P R E S U M P T U O U S N B T G Y
X S E T O R K D E R U V P U I R T
N T C S G O Y A H R C S O B V Y Q
Q T K A Z A S P C A C S X T G U G
Y G O B T G G Q R E E X L K G A U
```

MALADROIT
SCRUPULOUS
CENSORIOUS
INCONGRUOUS
PRETENTIOUS

PALLID
UNEQUIVOCAL
DICHOTOMY
MALADY
SCRUTINIZE

PRESUMPTUOUS
ANIMOSITY
EXTRAPOLATE
PALPABLE
UNFETTER

Words' Meaning WS #27

Maladroit

Pallid

Presumptuous

Scrupulous

Uniquivocal

Animosity

Censorious

Dichotomy

Extrapolate

Incongruous

Malady

Palpable

Pretentious

Scrutinize

Unfetter

My Score: .... / 15

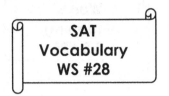

SAT
Vocabulary
WS #28

```
P D P P F K E G S U C C I J V M E F T L
N P A Z A I H E T B C R T Y Q S P R Q F K
D R O O Q N N W O E S G P D B V L E R B
D R X C N C A M B C C K P T I D D F E F
T F O B I O I C E L U U B A N S Z K C G
X T T B O N I T E X T Q W P P T A N W X
H S Y O H S C T Z A T D D S X C J R O X
W B V Z D P R O C E L R S A I P U B G R
O R R U I I W Z N I E D I S Y F N J F G
I A M L F C D E W S D H X N T Z F Z C B
D A X F F U K A T S E E E O S J R N R X
Z R H C I O K N C A U Q L Q B I O V W J
J J W H D U Y N Z T C O U A Q T C O H X
Y V L L E S H E V T I I I E M J K T T C
I U F A N A Q X R C O C R C N Z N R Q A
H E B R T F D T C U W O S A A T A D L D
M V Y Y M I T Y G C S Y Y O V L I T T R
F F X S E L V G Z V T N Y I T E L A Q K
L V E V T P T T X C O C E R E B R A L V
H F I V C M T L P G S L Y C D Z T P F Q
```

ANNEX
EXTRINSIC
PANACEA
UNFROCK
DIFFIDENT

CENSURE
INCONSEQUENTIAL
PREVARICATE
VITAL
FALLACIOUS

DIDACTIC
MALEDICTION
SCUTTLE
CEREBRAL
INCONSPICUOUS

Words' Meaning WS #28

Annex
_____
_____

Censure
_____
_____

Didactic
_____
_____

Extrinsic
_____
_____

Inconsequential
_____
_____

Malediction
_____
_____

Panacea
_____
_____

Prevaricate
_____
_____

Scuttle
_____
_____

Unfrock
_____
_____

Vital
_____
_____

Cerebral
_____
_____

Diffident
_____
_____

Fallacious
_____
_____

Inconspicuous
_____
_____

My Score: .... / 15

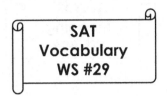

SAT
Vocabulary
WS #29

```
F  L  G  A  S  P  V  T  Y  Q  O  Q  N  J  Y  B  M  E
I  R  G  K  K  A  Z  E  S  E  N  S  U  O  U  S  U  S
Y  P  R  T  F  R  M  A  L  I  N  G  E  R  X  V  Z  D
V  R  M  X  Y  A  Q  E  Y  B  A  I  G  E  N  H  A  U
Y  P  A  U  V  D  T  S  D  L  I  A  T  S  X  M  X  N
A  T  X  N  O  I  T  L  S  U  P  L  K  S  I  F  K  P
X  Z  I  O  I  G  W  T  W  K  T  J  E  I  I  M  L  R
B  D  G  V  D  M  X  M  P  N  N  I  A  D  Y  R  Q  E
W  A  B  C  I  A  E  B  R  A  E  R  T  O  N  X  P  C
H  S  N  Q  O  L  R  S  U  H  S  S  E  R  G  I  D  E
J  R  A  O  B  E  C  A  P  O  N  P  L  T  E  C  M  D
M  H  V  I  M  F  K  O  P  S  X  R  F  X  L  C  U  E
N  F  L  I  Q  A  X  P  R  T  C  W  L  L  G  A  M  N
X  D  J  Y  P  C  L  C  T  P  T  B  C  I  U  L  F  T
Z  K  B  F  O  T  G  Y  R  K  H  A  K  T  P  D  V  E
P  C  S  T  W  O  E  Z  T  Z  P  Z  M  V  A  W  S  D
S  E  C  F  C  R  D  E  H  T  A  C  S  N  U  U  U  Y
C  C  C  B  D  I  L  J  Y  Y  U  L  K  V  Y  C  F  Y
```

MALEFACTOR	PARADIGM	PRISTINE
SEMINARY	UNPRECEDENTED	ANOMALY
CERTITUDE	DIGRESS	FALTER
INDELIBLE	MALINGER	PARADOX
PROCLIVITY	SENSUOUS	UNSCATHED

Words' Meaning WS #29

Malefactor

_ _ _ _ _ _ _ _ _ _ _ _ _ _ _ _

_ _ _ _ _ _ _ _ _ _ _ _ _ _ _ _

Paradigm

_ _ _ _ _ _ _ _ _ _ _ _ _ _ _ _

_ _ _ _ _ _ _ _ _ _ _ _ _ _ _ _

Pristine

_ _ _ _ _ _ _ _ _ _ _ _ _ _ _ _

_ _ _ _ _ _ _ _ _ _ _ _ _ _ _ _

Deminary

_ _ _ _ _ _ _ _ _ _ _ _ _ _ _ _

_ _ _ _ _ _ _ _ _ _ _ _ _ _ _ _

Unprecedented

_ _ _ _ _ _ _ _ _ _ _ _ _ _ _ _

_ _ _ _ _ _ _ _ _ _ _ _ _ _ _ _

Anomaly

_ _ _ _ _ _ _ _ _ _ _ _ _ _ _ _

_ _ _ _ _ _ _ _ _ _ _ _ _ _ _ _

Certitude

_ _ _ _ _ _ _ _ _ _ _ _ _ _ _ _

_ _ _ _ _ _ _ _ _ _ _ _ _ _ _ _

Digress

_ _ _ _ _ _ _ _ _ _ _ _ _ _ _ _

_ _ _ _ _ _ _ _ _ _ _ _ _ _ _ _

Falter

_ _ _ _ _ _ _ _ _ _ _ _ _ _ _ _

_ _ _ _ _ _ _ _ _ _ _ _ _ _ _ _

Indelible

_ _ _ _ _ _ _ _ _ _ _ _ _ _ _ _

_ _ _ _ _ _ _ _ _ _ _ _ _ _ _ _

Malinger

_ _ _ _ _ _ _ _ _ _ _ _ _ _ _ _

_ _ _ _ _ _ _ _ _ _ _ _ _ _ _ _

Paradox

_ _ _ _ _ _ _ _ _ _ _ _ _ _ _ _

_ _ _ _ _ _ _ _ _ _ _ _ _ _ _ _

Proclivity

_ _ _ _ _ _ _ _ _ _ _ _ _ _ _ _

_ _ _ _ _ _ _ _ _ _ _ _ _ _ _ _

Sensuous

_ _ _ _ _ _ _ _ _ _ _ _ _ _ _ _

_ _ _ _ _ _ _ _ _ _ _ _ _ _ _ _

Unscathed

_ _ _ _ _ _ _ _ _ _ _ _ _ _ _ _

_ _ _ _ _ _ _ _ _ _ _ _ _ _ _ _

My Score: ……. / 15

SAT
Vocabulary
WS #30

```
D K R B A U Y N M K M P D Q P N V B
N T C F G P C I T S I N O G A T N A
A F X F S U O N E G I D N I L P T M
J A U N Q R U S G Z K C X G A R X Y
I N D I F F E R E N T W I D Y H S M
G A D I Y J R R C N J J C T X M O I
P T S P O Y D F E M T W H S A U W K
S I Y R C I O N S G X I X H Q N P S
M C K E H G T X U Q N Z N J M W A F
W A N T A G O N I S M I I E Z I R F
Y L H U R M J O L M G X L I L T A J
W F K G Y R O T A L I D B A U T G C
O W R D G X Z Y M C Y X Z W M I O O
H L J L B J X X W H F O G T N N C
X V I C H A R L A T A N K L T G T G
C H G C R V Q Y T Z E K C A H C C P
O P R O C R A S T I N A T E A G E N
Q S J U X D I K E P E W X L K Q W B
```

ANTAGONISM
FANATICAL
PARAGON
UNWITTING
DILATORY

CHARLATAN
INDIFFERENT
PROCRASTINATE
ANTAGONISTIC
FANATICISM

DIKE
MALINGERER
SENTINEL
CHARY
INDIGENOUS

Words' Meaning WS #30

Antagonism

_____
_____

Charlatan

_____
_____

Dike

_____
_____

Fanatical

_____
_____

Indifferent

_____
_____

Malingerer

_____
_____

Paragon

_____
_____

Procrastinate

_____
_____

Sentinel

_____
_____

Unwitting

_____
_____

Antagonistic

_____
_____

Chary

_____
_____

Dilatory

_____
_____

Fanaticism

_____
_____

Indigenous

_____
_____

SAT Vocabulary WS #31

```
Z  P  F  O  Y  J  O  Y  K  U  O  S  R  P  E  Z  X
U  O  G  Y  Y  I  E  F  Y  A  E  R  U  R  Z  A  C
A  L  T  F  C  C  D  F  P  A  R  A  M  O  U  N  T
O  V  B  T  C  L  R  Y  W  F  C  G  Y  D  M  K  K
G  U  K  S  E  S  E  R  E  N  D  I  P  I  T  Y  I
T  T  C  E  V  L  Z  Y  B  L  Z  S  N  G  E  J  C
Y  H  R  Q  L  R  L  U  P  R  O  A  R  I  O  U  S
J  A  N  U  D  B  F  A  S  T  I  D  I  O  U  S  X
M  K  V  E  N  I  A  M  M  E  L  I  D  U  Y  F  I
X  J  H  S  M  P  A  E  Z  K  S  W  H  S  H  N  N
Y  L  S  T  R  A  L  R  L  O  F  I  B  I  D  U  D
F  K  X  E  M  R  B  N  B  L  U  H  T  G  Q  F  O
S  T  C  R  B  A  D  C  N  P  A  O  J  S  C  J  L
A  E  O  Q  N  S  V  Z  N  D  U  M  D  Y  A  N  E
A  P  R  O  D  I  G  A  L  Y  P  M  A  A  G  H  N
U  L  P  A  N  T  E  D  I  L  U  V  I  A  N  P  C
R  A  O  F  P  E  L  M  V  J  L  P  A  U  H  O  E
```

MALLEABLE	PARAMOUNT	PRODIGAL
SEQUESTER	UPBRAID	ANTEDILUVIAN
CHASTISES	DILEMMA	FASTIDIOUS
INDOLENCE	MALLET	PARASITE
PRODIGIOUS	SERENDIPITY	UPROARIOUS

Words'
Meaning
WS #31

Malleable

_____

Paramount

_____

Prodigal

_____

Sequester

_____

Upbraid

_____

Antediluvian

_____

Chastises

_____

Dilemma

_____

Fastidious

_____

Indolence

_____

Mallet

_____

Parasite

_____

Prodigious

_____

Serendipity

_____

Uproarious

_____

My Score: .... / 15

SAT Vocabulary WS #32

```
J  X  H  X  K  W  U  M  H  L  S  R  L  B  X  J  W  Y  X  H  P
M  E  P  K  H  K  F  Y  V  X  H  Z  Z  K  Q  Y  U  I  H  N  T
E  L  B  A  T  A  L  U  P  I  N  A  M  C  E  D  B  Z  P  N  K
O  V  S  U  Z  W  N  Y  J  W  S  S  C  E  A  R  A  V  G  C  P
Y  C  M  A  F  X  I  T  U  H  F  X  I  X  X  R  V  I  M  Y  M
U  R  D  Y  Y  Y  D  E  H  C  R  A  P  D  Z  H  Z  H  K  O  E
R  L  E  P  B  R  Q  U  P  R  O  F  A  N  E  Z  K  J  V  G  A
X  W  U  N  P  F  T  K  Z  T  O  T  X  X  F  X  Y  Z  P  T  B
K  S  C  H  A  A  G  N  H  S  I  P  N  S  B  N  U  H  J  W  E
K  J  Q  X  E  C  H  N  E  T  Y  N  O  N  E  L  M  J  F  X  B
Y  A  E  K  D  L  I  L  I  G  N  D  C  A  D  K  B  T  V  G
T  G  E  P  Q  F  A  H  L  T  I  E  G  U  E  I  B  B  Z  Z  Y
C  O  O  L  E  O  W  C  C  I  D  L  G  S  C  N  D  M  G  G  V
A  M  H  L  B  U  Q  G  I  Z  L  D  I  L  E  T  T  A  N  T  E
B  X  R  S  O  I  Y  Y  Q  R  O  M  M  D  U  N  E  R  F  M  Z
B  Y  R  O  P  H  S  B  U  G  E  W  A  F  W  D  E  E  I  W  P
Y  E  S  U  O  U  T  A  F  M  W  M  P  Z  A  I  N  R  L  S  L
R  I  K  U  G  H  A  N  E  Z  J  T  I  H  S  I  B  I  E  S  M
Z  C  Q  F  B  K  P  G  A  F  W  U  J  H  Z  A  U  C  K  S  V
Z  Y  C  P  X  G  U  E  L  S  M  I  M  X  C  Z  L  Q  S  T  P
A  O  X  Q  X  G  M  B  B  T  J  S  L  E  L  D  F  G  K  H  V
```

ANTHOLOGY	CHICANERY	DILETTANTE
FATUOUS	INDUCTEE	MANIPULATABLE
PARCHED	PROFANE	SERENE
UPSHOT	ANTHROPOCENTRISM	CHIMERICAL
DILIGENT	FEASIBLE	INDULGENT

Words' Meaning WS #32

Anthology

_____
_____

Chicanery

_____
_____

Dilettante

_____
_____

Fatuous

_____
_____

Inductee

_____
_____

Manipulatable

_____
_____

Parched

_____
_____

Profane

_____
_____

Serene

_____
_____

Unshot

_____
_____

Anthropocentrism

_____
_____

Chimerical

_____
_____

Diligent

_____
_____

Feasible

_____
_____

Indulgent

_____
_____

My Score: .... / 15

SAT
Vocabulary
WS #33

```
G  U  F  W  D  D  D  K  F  E  P  G  Q  T  O  A
L  E  D  H  G  E  E  N  A  B  R  U  H  I  I  F
Q  L  E  I  H  S  T  D  N  U  O  F  O  R  P  O
T  S  Z  F  O  R  E  A  W  X  F  S  V  U  T  L
T  H  K  Z  L  R  W  R  U  T  A  C  Z  Z  L  B
O  A  F  V  Y  J  A  O  R  Q  N  E  S  P  G  K
B  U  S  Q  G  Q  V  M  B  A  I  G  Q  A  O  O
B  S  Z  M  A  R  S  H  A  L  T  T  P  R  Z  F
T  U  E  M  T  C  C  A  C  S  Y  E  N  I  K  T
L  R  R  R  A  I  I  R  Y  K  N  S  D  A  L  R
P  P  T  Z  V  R  S  R  F  T  D  U  G  H  S  R
N  O  I  T  A  I  R  B  E  N  I  N  X  U  K  G
S  V  M  F  J  M  L  E  Z  L  E  R  U  O  I  Q
D  S  U  B  F  V  F  E  D  N  O  N  A  C  E  E
Q  C  M  V  M  X  F  J  U  A  V  H  X  P  E  I
B  K  H  X  J  M  Q  Z  T  P  F  J  C  T  X  F
```

MARRED	PARIAH	PROFANITY
SERRATED	URBANE	ANTIQUATED
CHOLERIC	DIORAMA	FECUND
INEBRIATION	MARSHAL	PARITY
PROFOUND	SERVILE	USURP

Words' Meaning WS #33

Marred

_____
_____

Pariah

_____
_____

Profanity

_____
_____

Serrated

_____
_____

Urbane

_____
_____

Antiquated

_____
_____

Choleric

_____
_____

Diorama

_____
_____

Fecund

_____
_____

Inebriation

_____
_____

Marshal

_____
_____

Parity

_____
_____

Profound

_____
_____

Servile

_____
_____

Usurp

_____
_____

My Score: .... / 15

SAT
Vocabulary
WS #34

```
N K I E V U Y N A P A T H E T I C Z T
J R N D O C V N B W V C T F B M K D I
P F E L I C I T O U S K E C Y V V Y H J
F Z F A F S W R T T A N E I F Y R R Y
I V F R E A A O E P R O F U N D I T Y
H S A K T X N P S L E H C R W N I T N
O Z B I N E T Y P U Q N P Y E G I D X
E U L Y J A H C H R O N I C L E R N X
Q O E E C U I J N T O T D M M S F A I
B C R H R O V R E F A B I D R F W P J
A J H G A Z G G A I C P A U E P N E Z
U U I Z O S K H L T C O A T C A D O H
M K K W S R J T Q C I Y W D I R G E D
H N D O Z Q A C C N V L C M D O I P Y
K X C L A C I T P E K S I Q Y C N C B
N L Z B N A R V F N Y W L T X H Q L W
N S P M A R S U P I A L E J U I R K C
O I J H J F U W X C U R X O O A J A L
J A N L I T T K E H N K D R Q L B C B
```

APATHETIC	CHRONICLER	DIRGE
FELICITOUS	INEFFABLE	MARSUPIAL
PAROCHIAL	PROFUNDITY	SKEPTICAL
UTILITARIAN	APATHY	CIRCUITOUS
DISAPPROBATION	FERVOR	INEPT

Words'
Meaning
WS #34

Apathetic

_____
_____

Chronicler

_____
_____

Dirge

_____
_____

Felicitous

_____
_____

Ineffable

_____
_____

Marsupial

_____
_____

Parochial

_____
_____

Profundity

_____
_____

Skeptical

_____
_____

Utilitarian

_____
_____

Apathy

_____
_____

Circuitous

_____
_____

Disapprobation

_____
_____

Fervor

_____
_____

Inept

_____
_____

My Score: .... / 15

SAT
Vocabulary
WS #35

```
Y Q T Y I M F T A I T R E N I A N B S
M C G E D D L Q J P E E Y W R P U V B
G V K Q N O I T U C O L M U C R I C T
J N P V J I R S S U O C K T K N Z Q X
H I A E G E T A C I Y H R C M K D W O
B E Y I M U L R P E H C Z Y I Y J F H
E Q O F P R M J A J R C I I P F A Z N
F Y U S X O N P R M A N O R M H N I Z
F P R O L E T A R I A N Y S G X A V Z
U Q T T C X L U Y O M L O C A C P L S
H V Y A D R A G G U L S K T W M P U P
Y Q R T V G L A V A C I L L A T E Z M
X B Q K G R G C X R Q Q F P W A R A A
D N I K V O Y W A J I S K I R M I S H
D J Z K X O F D T V J N W O C R L T E
Q Y D V R V Q M V A H S W C H Q N F E
A T U E W E Z D G S A C O O P G U K B
Q O I D X H F A R N T X H M X D I Q O
V M D S Q B Q E C U Q M S L A L W K Y
```

MARTINET	PARODY	PROLETARIAN
SKIRMISH	UTOPIAN	APOCRYPHAL
CIRCUMLOCUTION	DISCERN	FICKLE
INERTIA	MASOCHIST	PARRY
PROLIFIC	SLUGGARD	VACILLATE

Words'
Meaning
WS #35

Martinet

Parody

Proletarian

Skirmish

Utopian

Apocryphal

Circumlocution

Discern

Fickle

Inertia

Masochist

Parry

Prolific

Sluggard

Vacillate

SAT
Vocabulary
WS #36

```
Z  M  I  Z  C  R  O  L  Z  Z  U  H  I  V  A  J  L
A  J  N  Y  K  E  D  B  C  P  A  J  L  S  D  Y  Z
W  S  E  P  Q  B  V  O  U  J  P  M  A  T  I  J  V
S  E  V  I  S  N  E  H  E  R  P  P  A  D  S  U  G
Z  S  I  U  G  U  C  K  A  L  E  U  C  I  C  U  C
V  N  T  L  U  F  T  I  F  S  A  U  B  S  O  S  R
D  E  A  K  Y  E  B  I  R  C  S  M  U  C  R  I  C
S  Z  B  S  J  H  S  P  N  C  E  G  P  O  D  V  L
C  M  L  E  U  E  C  S  R  E  U  M  S  R  A  W  Z
P  D  E  Q  Z  O  Y  R  E  O  X  M  Y  D  N  L  Y
O  J  N  L  U  P  U  U  A  N  P  O  S  C  C  N  X
I  B  T  C  T  U  T  C  V  I  I  O  R  P  Y  L  A
W  V  D  J  Y  W  Z  T  A  S  R  F  N  A  E  H  O
Q  V  X  G  E  B  F  E  T  V  N  T  G  E  B  C  M
A  P  S  U  O  I  N  O  M  I  S  R  A  P  N  L  T
F  E  X  S  O  Y  P  C  H  O  K  K  Q  M  Q  T  E
T  D  L  G  T  A  M  Q  M  O  A  V  I  K  X  C  S
```

APPEASE	CIRCUMSCRIBE	DISCORD
FINESSE	INEVITABLE	MATRIARCHY
PARSIMONIOUS	PROPONENTS	SMELT
VACUOUS	APPREHENSIVE	CIRCUMSPECT
DISCORDANCY	FITFUL	INEXORABLE

Words'
Meaning
WS #36

Appease

_____
_____

Circumscribe

_____
_____

Discord

_____
_____

Finesse

_____
_____

Inevitable

_____
_____

Matriarchy

_____
_____

Parsimonious

_____
_____

Proponents

_____
_____

Smelt

_____
_____

Vacuous

_____
_____

Apprehensive

_____
_____

Circumspect

_____
_____

Discordancy

_____
_____

Fitful

_____
_____

Inexorable

_____
_____

SAT
Vocabulary
WS #37

```
O D X M N J E Y F T T K R N H N
R H Z Q K A S B L I C H S P O R
S E S L Q C S O I V J N E N D B
Z W F J F S I I L R B B E A G I
Y B Q F T L C R T A C N Y J G X
T N Q Y C N A P E R C S I D F U
I C O J D I E G B V A E O L V A
A X J M W Y A V R T A P I R M R
R V A P I D W S M A N M W X P A
R E Y S P S J Z O U N A M U S B
B F G N W E R I Y R C T R S Q L
C W B A Z I Z A Z B P R Q G I E
S D T N E I D E P X E N I U A U
S Z S U M M U T V V I O E C S V
I R D U D R O B S A G R O M S W
I M U A S A B M S A W D Q A T Y
```

MAVERICK
SMORGASBORD
CIRCUMVENT
INEXPEDIENT
PROSCRIBE

PARSIMONY
VAGRANT
DISCREPANCY
MEAGER
SOLACE

PROSAIC
ARABLE
FLAGRANT
PARTISAN
VAPID

Words'
Meaning
WS #37

Maverick

_____
_____

Parsimony

_____
_____

Prosaic

_____
_____

Smorgasbord

_____
_____

Vagrant

_____
_____

Arable

_____
_____

Circumvent

_____
_____

Discrepancy

_____
_____

Flagrant

_____
_____

Inexpedient

_____
_____

Maeger

_____
_____

Partisan

_____
_____

Proscribe

_____
_____

Solace

_____
_____

Vapid

_____
_____

My Score: .... / 15

SAT
Vocabulary
WS #38

```
T  J  C  H  X  J  D  Y  N  P  R  O  S  O  D  Y  S  X  O
U  L  E  Q  M  Q  F  E  Y  C  H  U  T  V  U  U  T  F  X
A  F  L  A  X  Q  L  I  T  E  U  S  E  C  P  L  D  Q  K
V  W  L  H  E  X  A  M  N  A  J  D  C  C  B  X  F  U  H
O  L  J  R  V  C  M  E  A  F  G  D  U  H  M  H  K  I  L
H  A  F  Y  A  L  B  P  T  Y  A  E  B  Y  F  M  P  O  C
H  T  Y  H  X  A  O  D  F  A  J  L  I  N  D  N  E  F  Y
J  P  D  R  N  M  Y  G  T  B  N  T  L  R  Y  Z  D  Y  E
G  R  K  X  A  O  A  B  C  E  X  I  N  I  A  R  I  O  O
G  G  A  R  E  R  N  U  L  D  P  T  M  U  B  V  M  N  W
S  O  L  I  C  I  T  N  A  Y  O  V  R  I  A  L  C  J  Y
D  I  S  C  U  R  S  I  V  E  N  E  S  S  R  L  E  P  K
E  W  D  U  R  P  F  K  B  N  M  A  N  O  X  C  F  S  I
Q  V  A  R  O  E  N  A  C  R  A  J  Z  Z  H  A  S  B  N
E  V  T  A  I  M  D  G  B  Q  A  Q  W  E  E  T  D  I  M
S  H  E  L  Q  K  A  N  Z  S  Q  Y  V  E  C  O  A  G  D
I  P  F  W  F  D  E  F  A  C  N  D  J  S  E  D  S  P  N
R  W  L  A  D  N  M  K  N  E  R  E  G  S  E  Q  M  L  I
S  W  V  S  E  Z  O  G  O  I  M  Z  W  M  F  A  T  I  D
```

ARBITRARY	CLAIRVOYANT	DISCRIMINATE
FLAMBOYANT	INFALLIBLE	MEANDER
PATHOS	PROSODY	SOLICIT
VARIEGATED	ARCANE	CLAMOR
DISCURSIVENESS	FLAUNT	INFAMOUS

Words' Meaning WS #38

Arbitrary

Clairvoyant

discriminate

Flamboyant

Infallible

Meander

Pathos

Prosody

Solicit

Variegated

Arcane

Clamor

Discursiveness

Flaunt

Infamous

SAT
Vocabulary
WS #39

```
Q  L  A  K  K  S  O  M  N  A  M  B  U  L  I  S  T
W  P  P  R  O  S  T  R  A  T  I  O  N  Q  P  D  W
D  W  I  E  C  U  E  C  Y  Z  V  O  K  T  T  H  Y
Q  D  G  D  C  H  S  O  O  T  H  S  A  Y  E  R  Z
P  J  I  C  L  N  A  W  N  X  H  D  M  O  I  K  O
G  R  Y  S  L  O  E  I  Y  G  Z  W  P  X  U  U  U
N  Q  O  A  D  A  M  M  C  I  D  N  O  I  X  O  O
N  W  E  T  J  A  N  Z  E  F  X  O  F  L  W  C  L
B  E  F  W  A  X  I  D  Y  H  J  P  L  B  L  M  A
S  E  I  R  E  G  A  N  E  M  E  N  I  N  F  E  R
O  V  S  A  E  V  O  D  H  S  V  V  P  X  V  L  M
F  J  U  J  E  Z  I  N  O  R  T  A  P  Y  Y  T  O
B  V  B  P  J  L  S  D  I  R  U  I  A  L  S  K  P
C  H  G  I  K  X  P  X  G  S  N  H  N  S  I  U  E
U  A  W  F  P  Z  K  M  B  P  T  D  T  E  M  Q  O
E  F  E  V  T  T  N  E  M  E  H  E  V  D  N  J  M
K  N  A  B  X  F  E  E  X  J  E  R  I  U  B  Q  R
```

MELLOW
SOMNAMBULIST
CLANDESTINE
INFER
PROTAGONIST

PATRON
VEHEMENCE
DISDAIN
MENAGERIE
SOOTHSAYER

PROSTRATION
ARCHAIC
FLIPPANT
PATRONIZE
VEHEMENT

Words'
Meaning
WS #39

Mellow

_____
_____

Patron

_____
_____

Prostration

_____
_____

Somnambulist

_____
_____

Vehemence

_____
_____

Archaic

_____
_____

Clandestine

_____
_____

Disdain

_____
_____

Flippant

_____
_____

Infer

_____
_____

Menagerie

_____
_____

Patronize

_____
_____

Protagonist

_____
_____

Soothsayer

_____
_____

Vehement

_____
_____

My Score: ……. / 15

SAT Vocabulary WS #40

```
I  D  H  E  L  W  J  Z  V  M  S  F  W  G  M  K  E  I
N  T  E  U  K  W  B  S  B  Y  S  V  U  P  K  W  B  R
G  V  A  T  F  T  K  Z  A  K  C  E  O  R  E  I  J  N
E  D  V  J  S  D  U  O  Z  P  G  N  V  I  U  L  Z  B
N  I  J  I  L  E  C  O  I  M  C  B  E  I  K  M  B  Z
U  W  U  P  N  F  R  Z  L  L  Y  Y  A  M  H  V  G  D
E  X  N  B  H  G  Q  E  T  F  F  Q  N  S  E  C  A  X
B  G  J  T  L  P  R  O  T  E  A  N  D  B  V  L  R  O
C  E  A  I  U  A  C  A  G  N  H  J  G  Z  C  I  C  A
M  M  K  R  X  N  N  I  T  Y  I  W  Y  V  I  C  H  W
R  J  C  O  A  C  D  E  R  E  T  S  U  L  F  H  E  H
T  F  F  P  R  P  Z  Y  V  O  Y  K  I  C  L  E  T  M
G  C  U  X  A  U  S  S  P  B  M  P  O  D  J  X  Y  N
J  G  J  T  M  U  V  I  K  G  V  O  P  A  W  K  P  N
D  D  S  U  O  I  C  A  D  N  E  M  H  K  S  G  E  V
N  P  J  I  Q  B  M  I  W  A  D  Z  M  P  E  D  J  B
Q  S  Z  J  Z  L  F  V  T  B  E  Q  S  Z  O  A  E  Z
E  U  I  M  X  K  X  O  X  Y  C  T  Q  X  P  S  X  K
```

ARCHETYPE	CLEMENCY	DISINTERESTED
FLOUT	INGENUE	MENDACIOUS
PAUCITY	PROTEAN	SOPHOMORIC
VENAL	ARCHIVES	CLICHE
DISPARAGE	FLUSTERED	INGRATE

Words'
Meaning
WS #40

Archetype

_ _ _ _ _ _ _ _ _
_ _ _ _ _ _ _ _ _

Clemency

_ _ _ _ _ _ _ _ _
_ _ _ _ _ _ _ _ _

Disinterested

_ _ _ _ _ _ _ _ _
_ _ _ _ _ _ _ _ _

Flout

_ _ _ _ _ _ _ _ _
_ _ _ _ _ _ _ _ _

Ingenue

_ _ _ _ _ _ _ _ _
_ _ _ _ _ _ _ _ _

Mendacious

_ _ _ _ _ _ _ _ _
_ _ _ _ _ _ _ _ _

Paucity

_ _ _ _ _ _ _ _ _
_ _ _ _ _ _ _ _ _

Protean

_ _ _ _ _ _ _ _ _
_ _ _ _ _ _ _ _ _

Sophomoric

_ _ _ _ _ _ _ _ _
_ _ _ _ _ _ _ _ _

Venal

_ _ _ _ _ _ _ _ _
_ _ _ _ _ _ _ _ _

Archives

_ _ _ _ _ _ _ _ _
_ _ _ _ _ _ _ _ _

Cliché

_ _ _ _ _ _ _ _ _
_ _ _ _ _ _ _ _ _

Disparage

_ _ _ _ _ _ _ _ _
_ _ _ _ _ _ _ _ _

Flustered

_ _ _ _ _ _ _ _ _
_ _ _ _ _ _ _ _ _

Ingrate

_ _ _ _ _ _ _ _ _
_ _ _ _ _ _ _ _ _

My Score: .... / 15

SAT Vocabulary WS #41

```
J  H  O  W  S  M  R  T  E  Z  Y  B  J  W  S  A  F
U  O  O  T  V  E  L  Q  W  G  U  Z  M  I  J  R  K
R  K  R  I  D  R  R  O  X  I  E  C  G  F  A  T  I
E  X  R  G  Z  C  G  L  M  U  X  T  M  K  Y  I  G
S  P  A  R  S  E  L  Y  T  U  Y  W  O  D  R  C  N
E  T  H  G  I  N  -  Y  B  -  Y  L  F  R  D  U  T
D  E  P  K  P  A  T  O  T  A  D  M  K  H  P  L  X
Z  L  L  I  C  R  L  M  L  I  M  T  T  C  C  A  L
M  G  I  E  D  Y  C  O  E  L  R  G  G  B  I  T  T
K  H  N  M  T  W  E  I  C  R  I  A  I  H  N  E  M
W  S  G  S  K  N  P  T  F  O  C  D  P  U  I  G  Y
M  M  R  R  T  G  E  J  A  I  T  U  A  S  M  J  U
Z  B  J  L  E  P  D  I  L  R  R  O  R  C  I  L  J
F  I  M  O  T  E  A  C  L  Q  E  O  R  I  C  D  I
K  H  O  V  Q  L  N  T  L  C  I  N  P  P  A  E  N
L  K  Y  D  A  D  T  E  I  L  C  P  E  O  L  L  P
H  N  R  W  S  E  M  C  V  F  V  G  O  V  S  F  P
```

MERCENARY	PECCADILLO	PROTEGE
SOPORIFIC	VENEER	ARTICULATE
CLIENTELE	DISPARITY	FLY-BY-NIGHT
INIMICAL	MERCURIAL	PEDANT
PROTOCOL	SPARSE	VENERATE

Words'
Meaning
WS #41

Mercenary

Peccadillo

Protégé

Soporific

Veneer

Articulate

Clientele

Disparity

Fly-by-Night

Inimical

Mercurial

Pedant

Protocol

Sparse

Venerate

SAT
Vocabulary
WS #42

```
P  D  R  C  G  D  T  K  S  P  W  Y  E  I  X  N  F  K
V  S  C  B  P  U  S  L  E  D  U  T  I  T  R  O  F  H
D  X  Z  P  A  G  Z  G  A  C  O  D  D  L  E  Y  V  G
Z  I  J  D  W  N  N  C  Q  I  I  S  F  P  C  Y  D  A
X  N  E  Y  I  O  U  I  O  X  C  F  E  M  R  Q  B  J
K  C  F  N  C  S  E  V  T  S  E  N  I  C  S  P  O  Y
R  U  G  W  A  O  P  G  I  A  Z  K  I  T  Z  T  M  T
K  B  L  I  U  I  W  A  B  J  N  H  H  V  R  P  C  R
B  F  F  N  N  T  R  R  S  A  E  I  E  I  O  A  B  U
O  W  V  Q  F  N  A  T  B  S  I  C  M  C  P  R  S  X
L  Z  R  T  I  B  O  U  S  C  I  F  S  E  J  T  P  B
N  N  U  R  C  F  Y  C  L  E  I  O  Q  E  S  I  E  E
A  T  J  Z  V  A  K  G  U  A  D  R  N  M  L  S  C  U
G  J  M  E  M  G  R  B  W  O  I  E  P  A  N  A  I  H
M  H  P  Z  G  B  O  G  S  S  U  N  P  J  T  N  O  D
F  H  H  I  P  R  Q  G  U  I  X  S  E  H  Q  E  U  C
B  O  M  E  C  J  E  T  A  N  N  I  B  V  F  K  S  Q
N  D  W  P  R  X  U  M  A  P  C  C  A  J  U  O  Y  H
```

ARTIFICE	COALESCE	DISPASSIONATE
FORENSIC	INNATE	MERGE
PEDESTRIAN	PROVINCIAL	SPECIOUS
VENIAL	ARTISAN	CODDLE
DISSEMINATING	FORTITUDE	INNOCUOUS

Words' Meaning WS #42

Artifice

_____

Coalesce

_____

Dispassionate

_____

Forensic

_____

Innate

_____

Merge

_____

Pedestrian

_____

Provincial

_____

Specious

_____

Venial

_____

Artisan

_____

Coddle

_____

Disseminating

_____

Fortitude

_____

Innocuous

_____

My Score: .... / 15

SAT
Vocabulary
WS #43

```
F  W  Y  S  N  F  L  H  U  P  A  F  Q  R  H  G  F  Q  L
F  P  A  W  U  C  C  H  N  S  M  G  P  I  D  Y  D  D  Y
Y  Y  N  Z  T  O  M  O  Z  E  S  Y  X  R  Z  B  D  H  N
B  L  T  U  Q  G  T  S  E  T  T  E  W  Q  W  X  J  U  F
V  L  L  I  P  N  D  I  U  R  N  A  L  K  C  K  W  M  J
L  W  N  A  C  J  W  B  U  O  C  E  V  R  X  C  Z  E  N
P  V  R  A  C  A  I  C  L  T  L  I  D  O  E  F  I  L  E
P  E  V  X  Y  I  R  K  F  C  R  U  O  U  N  E  N  Q  G
D  K  J  E  L  I  R  E  U  P  I  O  C  N  R  N  P  W  G
V  N  P  O  V  H  F  O  V  B  U  T  F  I  Y  P  I  O  Z
K  H  Q  E  R  D  V  R  H  T  M  U  E  B  T  G  D  K  P
A  H  D  J  U  A  F  E  H  P  L  J  N  C  T  E  O  O  H
X  U  L  G  C  Z  T  R  R  J  A  L  E  O  S  O  M  W  Z
V  S  P  O  R  A  D  I  C  B  E  T  S  Y  Z  A  A  X  S
Y  V  U  J  Y  P  A  B  V  M  O  C  E  B  Q  S  E  W  N
Z  P  P  F  D  E  L  K  C  E  P  S  B  M  K  Q  H  M  U
O  I  W  U  R  E  V  A  H  C  K  K  E  V  M  F  R  R  K
N  V  D  T  B  W  U  M  M  M  F  O  Z  G  A  S  M  V  C
X  A  F  T  U  A  S  F  D  V  I  M  K  B  D  F  P  G  T
```

METAPHORICALLY   PEERLESS   PRUDENT
SPECKLED   VERACITY   ASCETIC
COERCION   DIURNAL   FORTUITOUS
INNOVATE   METICULOUS   PEJORATIVE
PUERILE   SPORADIC   VERBOSE

Words' Meaning WS #43

Metaphorically

_____

_____

Peerless

_____

_____

Prudent

_____

_____

Speckled

_____

_____

Veracity

_____

_____

Ascetic

_____

_____

Coercion

_____

_____

Diurnal

_____

_____

Fortuitous

_____

_____

Innovate

_____

_____

Meticulous

_____

_____

Pejorative

_____

_____

Puerile

_____

_____

Sporadic

_____

_____

Verbose

_____

_____

My Score: .... / 15

SAT Vocabulary WS #44

```
N  R  T  D  I  C  U  L  L  E  P  A  S  O  G  R
P  S  P  N  I  V  F  O  F  Q  X  C  K  M  R  Z
E  K  M  F  E  V  E  R  B  O  S  I  T  Y  K  G
X  L  V  C  Q  I  E  S  A  P  R  X  B  L  T  I
G  R  I  Z  O  F  T  R  U  C  K  A  S  O  L  Z
U  W  Q  C  O  G  E  N  T  O  T  P  K  P  S  U
S  F  Q  Y  O  J  I  O  E  K  I  I  Q  W  U  H
M  D  W  E  M  D  H  T  G  S  E  R  O  C  Y  N
Z  D  M  N  U  W  Z  Z  A  P  N  S  U  U  A  H
F  R  A  U  D  U  L  E  N  T  B  I  O  P  S  X
Y  C  Y  B  F  M  E  T  T  L  E  J  G  X  S  P
P  V  M  K  B  P  U  N  C  T  I  L  I  O  U  S
Z  T  B  U  K  I  O  H  R  F  C  M  K  Z  A  G
Q  E  L  B  A  T  U  R  C  S  N  I  H  D  G  Y
L  S  W  G  P  Q  S  I  Z  G  V  P  E  S  E  K
G  X  A  S  S  I  D  U  O  U  S  K  S  A  Y  Y
```

ASSIDUOUS	COGENT	DIVERT
FRACTIOUS	INSCRUTABLE	METTLE
PELLUCID	PUNCTILIOUS	SPURIOUS
VERBOSITY	ASSUAGE	COGITATE
DOCILE	FRAUDULENT	INSENTIENT

Words'
Meaning
WS #44

Assiduous

Cogent

Divert

Fractious

Inscrutable

Mettle

Pellucid

Punctilious

Spurious

Verbosity

Assuage

Cogitate

Docile

Fraudulent

Insentient

My Score: .... / 15

SAT
Vocabulary
WS #45

```
S F Z P I S C K M H I O Z F Y M C B
S F F J C S M N E Z F J E H K P Y B
P U W R U I S G N G B W O F N Y A U
L Q O P A E T U T S A I O L Z P S O
M A A M H A Z A O N E L H M G T C Z
E D I W I E R I M L A K L F T Y F Q
M T H G F N D T Y G O N Y O W A I Q
W U R L I Q A I P P O V G Y C G M V
F V S C N T U L A G M D I A M O W K
E K W D M H S P L T D T I R T P T R
H L Z U X P L E V I S N E P F S I W
N P U R L O I N V E S J U E I L I M
X A C O I E I U I T R U F O Q S L I
A K I Z T O E R Q J U T P M O N N R
O P M N W G H Y I V B X I Q X E I I
Y O T L Q A C T U A S T I G T F I R
Z Y T Z Z U M O T T S W F B O X J X
H Z F F Q R M E X J K U E G U X E X
```

MILIEU	PENSIVE	PURLOIN
STAGNANT	VERTIGO	ASTUTE
COLLAGE	DOGMATIC	FRIVOLOUS
INSIPID	MIRE	PENURY
PUSILLANIMOUS	STAID	VESTIGIAL

Words' Meaning WS #45

Milieu

_____
_____

Pensive

_____
_____

Purloin

_____
_____

Stagnant

_____
_____

Vertigo

_____
_____

Astute

_____
_____

Collage

_____
_____

Dogmatic

_____
_____

Frivolous

_____
_____

Insipid

_____
_____

Mire

_____
_____

Penury

_____
_____

Pusillanimous

_____
_____

Staid

_____
_____

Vestigial

_____
_____

My Score: .... / 15

SAT Vocabulary WS #46

```
L  R  W  W  J  Y  X  T  D  R  A  T  O  D  U  K
S  W  N  Z  O  E  P  V  F  J  L  A  G  U  R  F
P  I  W  A  S  R  A  S  Y  L  U  M  B  P  M  N
S  J  R  I  P  E  R  C  E  P  T  I  V  E  O  H
H  B  P  N  L  A  I  U  Q  O  L  L  O  C  Z  I
I  K  D  S  H  W  Z  W  F  J  Q  N  M  M  O  A
C  R  O  T  A  G  I  T  S  N  I  U  I  F  Z  A
K  S  M  I  S  A  N  T  H  R  O  P  E  O  A  N
H  E  T  G  U  P  V  B  Q  U  J  L  R  O  Q  P
D  W  O  A  T  H  E  I  S  T  L  O  D  F  Q  Y
C  Q  E  T  N  A  A  I  N  A  M  O  R  Y  P  G
T  Z  G  E  V  Z  C  X  E  H  U  U  P  R  D  Y
B  I  R  Z  G  K  A  G  F  B  V  K  W  V  F  S
E  T  T  E  N  G  I  V  A  V  V  G  O  V  I  A
R  O  L  T  A  L  H  H  N  T  F  E  M  Y  M  K
W  R  Q  F  R  E  T  A  L  L  O  C  S  B  M  R
```

ASYLUM	COLLATE	DOLT
FRUGAL	INSTIGATE	MISANTHROPE
PERCEPTIVE	PYROMANIA	STANZA
VIGNETTE	ATHEIST	COLLOQUIAL
DOTARD	FURROW	INSTIGATOR

Words'
Meaning
WS #46

Asylum

_ _ _ _ _ _ _ _ _ _ _
_ _ _ _ _ _ _ _ _ _ _

Collate

_ _ _ _ _ _ _ _ _ _ _
_ _ _ _ _ _ _ _ _ _ _

Dolt

_ _ _ _ _ _ _ _ _ _ _
_ _ _ _ _ _ _ _ _ _ _

Frugal

_ _ _ _ _ _ _ _ _ _ _
_ _ _ _ _ _ _ _ _ _ _

Instigate

_ _ _ _ _ _ _ _ _ _ _
_ _ _ _ _ _ _ _ _ _ _

Misanthrope

_ _ _ _ _ _ _ _ _ _ _
_ _ _ _ _ _ _ _ _ _ _

Perceptive

_ _ _ _ _ _ _ _ _ _ _
_ _ _ _ _ _ _ _ _ _ _

Pyromania

_ _ _ _ _ _ _ _ _ _ _
_ _ _ _ _ _ _ _ _ _ _

Stanza

_ _ _ _ _ _ _ _ _ _ _
_ _ _ _ _ _ _ _ _ _ _

Vignette

_ _ _ _ _ _ _ _ _ _ _
_ _ _ _ _ _ _ _ _ _ _

Atheist

_ _ _ _ _ _ _ _ _ _ _
_ _ _ _ _ _ _ _ _ _ _

Colloquial

_ _ _ _ _ _ _ _ _ _ _
_ _ _ _ _ _ _ _ _ _ _

Dotard

_ _ _ _ _ _ _ _ _ _ _
_ _ _ _ _ _ _ _ _ _ _

Furrow

_ _ _ _ _ _ _ _ _ _ _
_ _ _ _ _ _ _ _ _ _ _

Instigator

_ _ _ _ _ _ _ _ _ _ _
_ _ _ _ _ _ _ _ _ _ _

My Score: .... / 15

SAT Vocabulary WS #47

```
S  P  O  U  O  P  Q  Z  P  Z  V  T  J  I  J  N  K
A  M  X  I  F  R  E  L  L  C  U  F  Y  D  N  V  U
A  I  L  G  M  I  B  R  L  F  P  V  S  M  L  I  Y
G  S  H  R  F  V  P  I  D  K  G  I  T  I  R  L  E
T  N  E  G  R  U  S  N  I  I  Z  N  E  S  C  I  P
M  O  M  Z  N  D  R  N  T  H  T  D  R  O  O  F  V
H  M  Y  H  P  O  R  T  A  F  P  I  E  G  R  I  N
J  E  M  D  E  D  I  A  I  N  A  C  O  Y  S  C  W
X  R  E  B  R  L  U  S  W  V  T  A  T  N  Y  A  X
D  Z  X  R  C  L  V  K  U  L  E  T  Y  I  Z  T  Q
W  U  Y  S  I  O  A  A  R  L  R  E  P  S  P  I  U
A  F  I  P  P  M  Q  N  A  Q  L  H  E  T  Z  O  A
K  E  U  U  I  G  G  K  Z  O  L  O  T  K  G  N  F
K  R  K  W  E  J  B  A  M  E  R  O  C  C  J  L  F
S  T  A  U  N  C  H  Y  U  K  V  D  V  V  Z  S  Y
Y  D  W  R  T  F  G  Z  Z  Q  A  J  Q  R  Y  P  R
I  Q  Y  E  A  Y  J  T  O  D  O  W  N  U  F  C  B
```

MISNOMER	PERCIPIENT	QUAFF
STAUNCH	VILIFICATION	ATROPHY
COLLUSION	DRAWL	FURTIVE
INSURGENT	MISOGYNIST	PERDITION
QUAGMIRE	STEREOTYPE	VINDICATE

Words'
Meaning
WS #47

Misnomer

Percipient

Quaff

Staunch

Vilification

Atrophy

Collusion

Drawl

Furtive

Insurgent

Misogynist

Perdition

Quagmire

Stereotype

Vindicate

My Score: .... / 15

SAT
Vocabulary
WS #48

```
C P L G M Z K R N R M N N J F O R D Y W N V
O S O R G D C E V T H O K S F K X V F P I K
K W O U R E R I P Z X Y W R E O I O L V F G
Y T T C Y U B R Y W X D R D U V N G D G D C
Q Q Q C A T C S T E V E D O R E T B D X Z O
V V R U R A J F B N C J O L T Q E N O B C D
C Y L C A V A W M N I L Y Z B P R H W B F X
S Z D O C I U M X R Z D T W L X M H V W M S
Q X I T Z N E T T I M R E T N I E U F M U
K U T F V I R T U O S O T C C H N H R N W G
W O C L L L F G Y R J G V C F H A H X E H Q
I I J Y N I E M J Q C F J H T L B W T U P E
E Y L Q P Q Y V F I H R A F Q Y L B A N V L
G T I H Q I P P J K F S X K U X E O D P V L
L A C N R W J Z C X Q Q M N A T O B R D H L
T I L S U P Z T X Q I C L D U D I X I D B N
R G H L F L U Y B F T X A S G B E L V S O U
A J T N E C A L P M O C O M M A N D E E R S
Q Y I P L O H K V E T A U N E T T A L I B E
E U T N X J N X B Y Z R C Y N Y J L H P Y Z
G Y V M I S R E P R E S E N T A T I O N P F
L F V S W A N C G G H J P E Y H F B S Y L T
```

ATTENUATE	COMMANDEER	DRIVEL
FUTILE	INTERMINABLE	MISREPRESENTATION
PEREMPTORY	QUAINT	STEVEDORE
VIRTUOSO	AUGMENT	COMPLACENT
DROLL	GALLEON	INTERMITTENT

Words'
Meaning
WS #48

Attenuate

Commandeer

Drivel

Futile

Interminable

Misrepresentation

Peremptory

Quaint

Stevedore

Virtuoso

Augment

Complacent

Droll

Galleon

Intermittent

SAT
Vocabulary
WS #49

```
A  O  E  L  R  S  M  J  P  K  O  D  G  Y  L  K  E  R
F  E  S  U  O  I  C  I  P  S  U  A  N  N  E  X  A  X
T  Z  N  M  O  B  M  O  E  Z  Z  K  L  V  I  C  V  I
Q  Z  I  I  X  O  M  U  M  S  T  O  I  C  I  R  Q  T
Y  I  G  Z  T  V  E  A  G  P  H  H  N  Z  R  M  G  M
E  E  T  T  H  N  T  W  G  Q  L  S  T  I  F  L  E  L
S  P  C  D  P  Q  A  A  N  Y  U  I  R  X  M  Q  J  N
O  Y  E  D  R  X  B  R  O  B  C  A  A  V  U  M  C  J
S  K  R  R  P  O  N  X  A  E  Y  Q  N  N  M  Y  T  N
X  J  N  A  F  I  N  B  O  U  T  D  S  D  T  G  K  S
U  Q  T  W  O  U  M  E  J  C  Q  A  I  Z  A  I  O  U
H  C  C  N  B  T  N  U  L  C  H  G  G  F  L  R  Z  J
T  Y  S  C  E  F  F  C  N  J  T  P  E  I  R  V  Y  U
T  Z  X  T  M  L  W  Z  T  W  V  F  N  I  T  E  J  J
I  P  F  A  V  Z  U  B  M  O  D  I  C  U  M  I  P  N
A  O  Y  L  G  I  K  R  J  E  R  O  E  F  S  C  M  T
U  F  X  E  W  J  B  U  I  H  V  Y  F  C  P  M  Q  T
F  H  Q  L  S  S  C  N  V  V  T  U  S  J  H  U  C  Q
```

MITIGATE	PERFIDY	QUANDARY
STIFLE	VIRULENT	AUSPICIOUS
COMPLIANT	DRONE	GAMBOL
INTRANSIGENCE	MODICUM	PERFUNCTORY
QUARANTINE	STOIC	ANNEX

Words'
Meaning
WS #49

Mitigate

Perfidy

Quandary

Stifle

Virulent

Auspicious

Compliant

Drone

Gambol

Intransigence

Modicum

Perfunctory

Quarantine

Stoic

Annex (v.)

SAT Vocabulary WS #50

```
S O H B K F E Y U J T R T A P V W
Y U A Y J X V T I K K O E C K H F
T G O K P Z X G A F R B A Z C Y Y
V N W I J O F C T L F U E Q A P K
K R A L R S C H I B U S P U F O E
H T Q S V E U R S G X T A E K Q J
E I P D S O T C I A R P S C E F Q
X Z U E I E P E U T V A J O U F T
P X Y T I R C A L A I A H P P U P
O Q E E Z K Q N N E C C C T H B Q
S Q W R P C M V I O D U A E E X A
I Y Z I G E K C V E E Z C L M L I
T P P O B E P A N A L G E S I C Q
I H Z R M S J C U N V G R L S H W
O N N A C X W L S U A Z O U M W C
N C R T U Q Y K T R A C T A B L E
L R S E K T W Q F F Z U D A W G A
```

ANALGESIC	CAUCUS	DETERIORATE
EXPOSITION	INCESSANT	ALACRITY
BURGEON	DELETERIOUS	EUPHEMISM
HYPOCRITICAL	LETHARGIC	OGLE
POSTULATE	ROBUST	TRACTABLE

Words'
Meaning
WS #50

Analgesic

Caucus

Deteriorate

Exposition

Incessant

Alacrity

Burgeon

Deleterious

Euphemism

Hypocritical

Lethargic

Ogle

Postulate

Robust

Tractable

Exploring The
Word Search Solutions

WS#1

```
V B N U U L E T T O X A F J H C G
Y M O C Q F C O A A B Y W J G E D
J L E N O X I O U S L O M H E W R
W U F B G U P M H E O I I D C C E
E F D L C K N I V N U M S V I E M
N P C I E O L T R E V O C M J I U
O H E E C F E I E B L M Z C A Q N
A H A N G A R L B R E D N E G N E
A B O F V R L N R I F T N F R Q R
Q N R R I O Z P H F G E W I U O A
U N Z A D Y M A I R T O I M K Q T
R B E N S A I N B V B M T T P K I
Z X B C Q I H C R H A M P E R D O
Y Z H H A B V V H P O A E P L P N
J E N I E E P E K X D R J E M Q Q
L T J S Q G F E Z S M L M A Y L H
Q B W E E Q U M N L F M B N M C Y
```

ABHOR
ENFRANCHISE
NOXIOUS
TALISMAN
COVERT

BIGOT
HAMPER
PLACID
ABRASIVE
ENGENDER

COUNTERFEIT
KINDLE
REMUNERATION
BILK
HANGAR

WS#2

```
G W K T K P F S D C H K O C G
U Q R F M E R E W O C C U B I
V P T I L S T V C V V V V E F
W T B R A E I E K N O T T Y C
Z A G R B B U R L N A V C O C
P N B M Y R A G A P W H H C I
D G L P R K G S N I E O N K C
J E B L I J H N E A G R N E I
V N U A N C E C I M R A M E T
V T C I T J Z F B W E A L F R
I N L N H N V O V T O N H P M
X H A T A N G I B L E L T A F
D A G I B M L E Y F I L L U N
F V K F N C X T A S C K D I N
X S W F O D Z X Q Q L C N U B
```

KNOTTY
RENOWN
BILLOWING
HARANGUE
PLAINTIFF

NUANCE
TANGENT
COWER
LABYRINTH
REPLETE

PLAGIARISM
ABASEMENT
ENHANCE
NULLIFY
TANGIBLE

WS#3

```
T T X N A V Z G Y Z Y X Q K L Q F P
K J C M O I U H N N U I X C Z W U A
W E S E N I H T N I R Y B A L U K Q
R N T H Y T T A R D Y N C K M F J R
J S D A F A N U H D V J M N C X B Y
W Z S R G E N A L C T A V L O N L U
A V P B Q O L F T O D T D R L G A M
L A L I S P R B L A S P H E M Y X E
S J A N R A O B A E L B I D E R C O
Y O U G C Y S Q A T N B A L K O K H
Y J D E N A M Y K P I I T G C M L Q
H H I R Z L E I R T P D G H S F S P
N E T S A H H S W G P R E M Q F J F
Y E L B I S N E H E R P E R A O L X
P K C Z Y I D V H R E C N O C S N E
V P K W Z S Q I H V N S V F A U F N
M O Q K L U Q E R L A U T D G U Z U
T W Q E I C N S Y R I D U C S M F R
```

ABROGATE	BLASPHEMY	CREDIBLE
ENIGMA	HARBINGERS	LABYRINTHINE
NUZZLE	PLAUDIT	REPREHENSIBLE
TARDY	ABSOLUTION	BLATANT
CREDITABLE	ENSCONCE	HASTEN

WS#4

```
F R R Z X E T A I D U P E R X A
L M A W V M E T A C S U F B O T
B M V N M K K Y F Z F M C X A G
S K E E E J P L E T H O R A R E
Z E S O M Y R H C A L B V W R P
O P L A U S I B L E J Q Y C I E
J B H A U G H T I N E S S E H R
T T D F M C W N X S V Z Y W J M
N A K U S Z R A J H N R L K Y D
A Y W G R E V E I R P E R V S J
Z B Q D A A Q V D O Q H S M Q E
R A S V R D T X R U E Z M W S P
F H C T V Y H E Y D L J Z H V L
N O I T A R E C A L O O Y S U B
L W B B L I G H T E D I U M T H
Y D H W C D N H R M S N M S W I
```

LACERATION	OBDURATE	PLAUSIBLE
REPRIEVE	TAWDRY	ABSTAIN
BLIGHTED	CREDULOUS	ENSHROUD
HAUGHTINESS	LACHRYMOSE	OBFUSCATE
PLETHORA	REPUDIATE	TEDIUM

WS#5

```
K S G T S L O B J E C T I V E
F O U N O W C A G H D G U G E S
I O L O E N U N C I A T I O N M
J E H T I L B Z R K L S B C V F
Y O N H Z M R S E L L G R D E J
P L I A B L E U P G E U Q S N A
J B W Z O Q S T U X N K S J O H
E P N D Z B C D S A S I Y T M J
Y X U M J G I H C B Y X R Z E E
H I P W S I N M U S A S N C W R
F G G Z V I D B L T E M P E R B
K N D C A Z N M A R B G J H S R
D M Y S V V O R U J C H Q L N
W L R T S H E A D S T R O N G X
D N C P B L U N D E R B U S S F
O X C I H H P P K X H W R G U L
```

ABSTEMIOUS	BLITHE	CREPUSCULAR
ENUNCIATION	HEADSTRONG	LACKLUSTER
OBJECTIVE	PLIABLE	RESCIND
TEMPER	ABSTRUSE	BLUNDERBUSS
CRINGE	ENVENOM	HEDONISM

WS#6

```
R E T S L O B L I Q U E A A X N
B S D U A S F L E T L I H P J N
J T P A A J E T A R E T I L B O
N N S G L H D J R C R M V S Q K
K O O I P O Q Y Z Z O B M P T E
V N I I N R C J Q V U N L U G Y
C P G T T O J C R Y P T I C L W
W S F E U A D Y A X L F D C P P
C U M N P L N E R N U A O T V A
P W E T A H O G H F M T A Y W M
R X J A C S E S I T A L D T N L
X A S T S Q V M E S G E J F I W
Y R D I A V L U E R E Q J K R B
S I C V E R A H K R H R I F P K
Y W Y E L S U O I C A N E T N K
M N O I T A T N E M A L W M I R
```

LACONIC	OBLIQUE	PLUMAGE
RESIGNATION	TENACIOUS	ACCOLADE
BOLSTER	CRYPTIC	EPHEMERAL
HEDONIST	LAMENTATION	OBLITERATE
PLUMMET	RESOLUTION	TENTATIVE

WS#7

```
L T W B F Z Q S U D S R T M
R P Y S E R E H U Z I C D F
S C O T G B T F S O T R M N
A A X B Y E C S E I U Q C A
B E O C Y N I C A L R N S A
Q Q B D X M C E M B S O E E
L C L G L C L P G U M X O T
G Q I E R U C I P E I O A B
Z J V L N P O S A J I D B S
O E I B E Q N T E T Q E O L
R N O O P M A L Z T R F F P
U O U U Z H E E D Z D U B M
R E S O N A N T G U U C C T
L T I N U P T Z M H X F O S
```

ACQUIESCE	BOMBAST	CURTAIL
EPICURE	HEED	LAMPOON
OBLIVIOUS	PODIUM	RESONANT
TENUOUS	ACRID	BOORISH
CYNICAL	EPISTLE	HERESY

WS#8

```
J Z L L E C I T U E P A R E H T
T A U K A T J B T Q I U C Q W D
K V Y M F N I J T N W D M K T E
K H S P S Y G P J R A R Z U W Z
D Q B H I A T U S N R N A L I Y
F J P K X A F I I E V X G F M N
U A T Z Y C Q W L D R T E I F X
Z I B O U R G E O I S L B A O X
J T H Q H O A V S B B L J X B P
E M S W N P A L H R S E K K S B
G P P B L H G L O B E C D D C O
M S O M U O I P K T G T U E U G
D O I A U B M P M S S I V R R Q
T W S P X I O J D P U I U L E W
O S E C N A L D I M P H P N D Z
H L D J D R E S P L E N D E N T
```

LANCE	OBSCURE	POIGNANT
RESPITE	TERSE	ACROPHOBIA
BOURGEOIS	DEBILITY	EPISTOLARY
HIATUS	LANGUID	OBSCURED
POISED	RESPLENDENT	THERAPEUTIC

WS#9

```
G F T D N T L Y O L B L V P H O T U
L N Q Q H S I U G N A L B A Q Y K Y
L L I B O I O A K M J C K J U K S E
F E H K W Q E B N M L E I J R B V K
N Q I Q N F L R S A K G S M L A S X
F U D U O U Q Y O E H Z W Q E U R D
Y I E C S J B O O G Q R R W S L C Y
F V B M Z D O E P Z L U O W A C O Z
J O O O N C H E D H N Y I O W A D P
H C U F K H I I D J M U P O E Y W T
A A N U E Y D N O R O M D H U B L X
E T D E C A T H L O N O Q C I S U Q
H E Z A C U I T Y E X P K J R C S X
O V B W M G C M P M R T X Z F P S N
F M T B R A G G A R T R A W H T G T
T Q B R A W N Y N A W R H C Y U N R
U D E Z I M O T I P E G Y M B J P X
A E V I T A R O T S E R R N K A L S
```

ACUITY	BRAGGART	DEBUNKING
EPITOMIZED	HIDEBOUND	LANGUISH
OBSEQUIOUS	POLEMICAL	RESTORATIVE
THWART	ADAMANT	BRAWNY
DECATHLON	EQUIVOCATE	HIEROGLYPHICS

WS#10

```
T W S U O R O M I T J N P Y O S
X A Q E I Q A K E T E L O S B O
N K D A A H L D E T G T W X S U
H Q G R G R U Y Y H I P D Z E S
J E S U O R E D N O P B V S S K
E H V E H I K T I Y R Q F G S P
W T R D P K T Z I L T R I L I N
Y N A M R H Y A V C A I E K O L
B Q O C V R K E W E E R V M N Z
M Y Q I I W A K F P S N G E B P
R U N I T F V E D A R I T E R M
D K R E D N I H S G O Y N I S B
L K F O C J E T T R O N H K D S
R F A N C R K T N N R D M P G X
X Y W P O E A V E O J J Z K J Y
V X S N M C D L D R P M U B G F
```

LARCENY	OBSESSION	PONDEROUS
RETENTION	TIMOROUS	ADROIT
BREVITY	DECORUM	ERR
HINDER	LARGESS	OBSOLETE
PONTIFICATE	RETICENT	TIRADE

WS#11

```
H R H F C K G H X Y N Z U F B M Z
R C E S U O R E P E R T S B O H O
E E X T C X Y P H O X A W Z G W D
L D T E T Z K A E Q U Q O G E Y Y
B K J R C I N O I R T S I H T Q N
V L W A A N T K E Y B Y E A L N Y
F G E D R C E L T S I R B D H A K
U L M D M Q T R Z L O F O R U Q U
H V X C X A G I E K A T Q A U A S
R S W Y J D E F O F H T E Z C U L
D H Z A O G Q J P N E F W R M H O
A N X L P C S L Y I G D R F I C B
X Q E E V T E R R A T I C P B C W
X F Z T Q A A D U L A T I O N O O
Y T I S R E V D A B N X D X C H H
Q Y F T U O X D P D G P N P U R A
N V C V A C P U F S D A Y Q G K K
```

ADULATION	BRISTLE	DECOY
ERRATIC	HISTRIONIC	LAUD
OBSTREPEROUS	PORTEND	RETRACTION
TITTER	ADVERSITY	BROACH
DEFERENCE	ESOTERIC	HOARY

WS#12

```
I H E N H E U Q E H Q S W E
E T S S X S M T N E T R O P
V T E I U J P O T A T H A F
Q V A D V O C A T E K Q R M
Q R C I L A P B G A N K U X
A J G O L E L S S U Q O K F
E S U T B O U A E U A G H U
Y T P Y D V F Q X W C D J F
E D O W H N I E S C D Z L V
Q R M R Z D K A D U T J P K
Z C E G P J R Z T P R Z A T
Z Y N V R I D D L E D B T V
A Y J M E K D Q L R Z V U F
P O S E U R A N M Z S P O R
```

LAVISH	OBTUSE	PORTENT
REVERE	TOME	ADVOCATE
BRUSQUE	DEFOLIATE	ESPOUSE
HONE	LAX	OBVIATE
POSEUR	RIDDLED	TORPID

WS#13

```
E O T A L Y S O E G P M N Z B J O H
W L D R N X G O B X J U Y Q N E H F
W S B R H O P O S T E R I T Y B Y C
D L U A T Z I K L P G S R D M K J F
R N R O F M W T R O P R O T P N J D
U C E B I F E U A O M I P N C A D B
C O A G X D A C L D Y Y Z C V N B F
G T U I E D O P N C A L T D I A M B
L Y C K R L J C C W F R I E Z W N B
C T R N E D B P I A C Y G S F P F D
L L A M U L N U R T L E S E U I G F
Z E C A L F O O L Q E P Y J D V R K
O D Y R O G E B H W H H C Y H V Q C
C J M I G V L D R C A W T D Q R F A
V A K Y Y P E Y O E O R F S B K L A
A E M E Z O K T J R P P K S E A A K
O Z B M W F O I C W B Y Y K T A P N
B K Y J G U A P S Q J N H H G Y U J
```

AESTHETIC	BULWARK	DEFUNCT
ETYMOLOGY	HYPERBOLE	LEGEND
ODIOUS	POSTERITY	RIFE
TORPOR	AFFABLE	BUREAUCRACY
DEGRADATION	EULOGY	HYPOCHONDRIAC

WS#14

```
M Z E U P H O N Y D H I J L Y
R R U T Z L D I C I N B M W L
D I E N A Z F I O C W U W P H
N G N Y A R L W C O H R T U Y
T O N O I G E L V N E N T O O
H R L F Q G V B P O X I T R R
D P A F U T I T I C T S G V S
V I H I A N T V A L C H E M Y
Y W A C E C Y O U A E D H P N
J M S I F L T L T S W D N W T
W V B O D Y B O F T Z X H S T
L G M U P L F A R G E I F D Z
D M N S Q A L Z T Y B R Q N O
L I U Q N A R T S O I X X D P
I S U O M U H T S O P A C E C
```

LEGION	OFFICIOUS	POSTHUMOUS
RIGOR	TOTTER	ALCHEMY
BURNISH	DELIBERATE	EUPHONY
ICONOCLAST	LEVITY	OLFACTORY
POTABLE	ROTUND	TRANQUIL

WS#15

```
E E Q V Z I M A F C Y Y M Q H L L
F A K N U N D C I K K L A V A U Z
K I G V O X A I F T L H X M V Z S
X P P G G I T I O W D I Q G U Q U
E R E B E S T D R S C B F I S E T
K T X S U N U A U A Y O F G Z L N
L U A H U T H O E P T N P M M K E
Z I C N E O T M I N Z R C T L Y V
J Z E O I V N R D N I P E R S B A
L X R G J M A I E N I L Y B A Y E
M Y B H U X U C M S F M E M I S C
M F A L I B I R U O S B O D J L Y
V N T L R K O U R A N L V N X T B
C T E U L X R V D K T J R C G X Q
N I N X Y A I C P O T E N T A I F
H T R A N S C R I B E N M O K H T
T F Z W D D Z L U E U J C C E A H
```

ALIBI
EVACUATE
OMINOUS
TRANSCRIBE
DEMUR

BUTTRESS
IDIOSYNCRASY
POTENT
ALLAY
EXACERBATE

DELINEATION
LIBERTARIAN
RUMINATE
BYLINE
IGNOMINIOUS

WS#16

```
L Q L U V C T N E I C S I N M O
Q Q T U B C Q N Q O F S D V T F
P T S N A P A I E Y E O L V N O
G B D Y E L S C C T N K K M V O
J I L D N M L D O J O J G D H Q
C G V Y C I I E G P R P G G E S
P G N R O Y M N V E H T I L V U
C R L C E R N O I I Y O D N R Q
N A A Q R I E U N L A Q N L M Q
C Y Y G G U Y N C G O T I Y X O
W I K L M D S C C B I M E K T M
B K D E T A R E P S A X E N Z Y
E P H T S I T A M G A R P L Y Y
L P T R A N S I E N T A R U I H
N K N I R A H C C A S M N S L Y
K X T G R S S E R G S N A R T M
```

LINIMENT
RUSE
CACOPHONY
IGNOMINY
PRAGMATIST

OMNIPOTENT
TRANSGRESS
DENOUNCE
LITHE
SACCHARIN

PRAGMATIC
ALLEVIATE
EXASPERATED
OMNISCIENT
TRANSIENT

WS#17

```
T G M K B J S A C R O S A N C T N N
F X C L D D N D A L O O F T L B K O
D S A G C N F E J T J F Y N L S H W
G E X C E P T I O N A B L E C D M R
Z L R V G L M L N D D X F M T Q I
K Y O E J M R E G E F O M T Y X E
Q L K S X R Q S Y N P F O J W M O I
E E E D U C N H I D L H L L U O B L
O S T L X O U J D U O B I I W P R E
I C R A B Y R L N B R G Y V J Q W E
W S S E N M D E P L E T E I N F R A
A Z A O V I A X N A C A L D R O N T
Z S T K F A M E U O T E H A E H F G
F O F L H J R U R S A E W X F Y H S
D N H Y E W H T L P O M A B G A U J
S P P U Y R O S U L L I V F G M T Q
L Q R W J Z B H D F I T X T U D A E
C M S V W Z N Z P I D E U Z U S Y A
```

ALOOF	CAJOLE	DEPLETE
EXCEPTIONABLE	ILLUMINATE	LIVID
ONEROUS	PREAMBLE	SACROSANCT
TRAVERSE	ALTRUISM	CALDRON
DEPLORE	EXCULPATE	ILLUSORY

WS#18

```
H S E D L A M A S S L U N R T M
P H U A A T N E D E C E R P D S
D R B O C J U N W O L L A C D B
V S U O I C A G A S I O N U S Y
H G D E U R V Z Z I H B R D G B
B M Y F K I A A D G F B C M Z J
K H A T B M E C D S Q Y B H G P
O I J J F M F M E L G I F H X T
P H A L G O Q J P R B S F Y D Z
B M E H N D L M R G P T X G Q T
I Q T U B E L B A R C E X E B W
M L S P Q R O E V J T P U T Q E
K W O E G A S M I J U M J Q U K
A R M F P T P L T R I N K E T O
Q B Z B V E N O Y F V G N E J W
P T R E P I D A T I O N Z G Q T
```

LOBBYIST	ONUS	PRECARIOUS
SAGACIOUS	TREPIDATION	AMASS
CALLOW	DEPRAVITY	EXECRABLE
IMMODERATE	LOFTY	OPAQUE
PRECEDENT	SAGE	TRINKET

WS#19

```
A  S  U  O  I  C  A  L  A  S  L  M  F  O
O  Y  I  H  D  E  L  B  A  T  U  M  M  I
D  M  T  S  Z  O  X  U  I  M  N  T  M  N
T  K  X  I  E  D  A  E  Z  Q  Z  C  J  I
G  S  U  O  U  G  I  B  M  A  F  J  K  A
D  L  N  D  E  G  E  D  L  P  C  W  Y  W
E  O  A  X  E  P  I  X  N  K  L  E  Z  G
P  N  T  I  C  R  J  B  E  A  N  A  P  F
R  G  W  N  T  F  I  R  M  Y  C  Z  R  M
E  E  R  E  E  R  O  D  N  A  C  W  T  Y
C  V  Q  Z  T  L  A  G  E  G  Q  J  R  Z
A  I  O  P  F  I  U  P  G  S  R  S  T  W
T  T  P  E  C  E  R  P  M  B  J  S  Y  W
E  Y  L  U  G  B  F  T  O  I  N  C  R  Q
```

AMBIGUITY	CANDID	DEPRECATE
EXEGESIS	IMMUTABLE	LONGEVITY
OPULENT	PRECEPT	SALACIOUS
TRITE	AMBIGUOUS	CANDOR
DERIDE	EXEMPLARY	IMPARTIAL

WS#20

```
N  M  W  E  X  T  T  E  E  K  G  V  V  F  R  K  G
R  X  L  X  C  T  Q  B  A  J  W  X  G  D  C  U  T
Q  P  R  E  C  I  N  C  T  Y  T  P  K  J  L  I  W
T  P  P  M  A  Y  P  S  A  L  U  B  R  I  O  U  S
P  Y  K  P  D  M  R  I  G  Y  L  E  K  B  Q  K  C
J  D  S  L  L  Q  B  O  C  B  H  A  M  Q  U  K  T
G  X  A  I  W  S  I  I  T  E  S  U  I  X  A  O  R
R  X  Q  F  R  O  U  V  V  A  R  Z  T  V  C  S  U
H  L  T  Y  L  R  L  O  F  A  G  P  Q  W  I  P  A
Y  L  V  M  U  N  C  L  I  E  L  O  J  P  O  R  N
Z  U  P  P  C  A  N  T  A  N  K  E  R  O  U  S  T
X  K  F  V  I  T  V  F  P  S  U  A  N  E  S  L  G
I  D  B  K  D  E  P  A  C  C  G  C  S  C  D  U  I
U  P  Y  Z  N  L  O  A  J  A  H  Z  E  M  E  R  C
E  B  Y  Y  I  G  S  U  I  C  V  P  C  P  Z  D  R
M  R  M  I  W  R  D  A  W  J  P  Y  E  I  M  Z  N
P  Y  Z  A  Y  R  I  L  V  Y  A  O  R  D  A  I  N
```

LOQUACIOUS	ORDAIN	PRECINCT
SALLOW	TRIVIAL	AMBIVALENCE
CANTANKEROUS	DEROGATORY	EXEMPLIFY
IMPECUNIOUS	LUCID	ORNATE
PRECIPICE	SALUBRIOUS	TRUANT

WS#21

```
Y C D C Y L L Y E A F H W S D J T
I M Z B R S O K U R X Z N Q L Y J
Y E R S S N A B D Y A M O U D K A
Z E T A L U T I P A C S B U M P M
G K X A B C O R T H O D O X L I B
T O Y H R N O I T A R C E S E D U
R N M H A C A Z C C Z E P P N I L
U Y P T R U E E T A R O I L E M A
N S A P G X S S L I P E A N H P T
C A E Q Z I C T E F E A I U E I O
A L Y D G Y Z W I D D L C G S O R
T U D E H S I R E V O P M I G U Y
E T Z O Q E E X O N E R A T E S A
M A L T K G D W L U D I C R O U S
P R E C I P I T O U S I Q D V T U
K Y G B T F L Z A V L A H S V M Q
X G S W Q P W R V P K L A Q K C T
```

AMBULATORY	CAPACIOUS	DESECRATE
EXHAUSTIVE	IMPIOUS	LUDICROUS
ORTHODOX	PRECIPITOUS	SALUTARY
TRUNCATE	AMELIORATE	CAPITULATE
DESECRATION	EXONERATES	IMPOVERISHED

WS#22

```
O V M T E P A W W D P R V T F Q Q V
W U X Q B D Z I H N K X H O F L D D
A W T W P S A N C T I M O N I O U S
O L E P V N O I T C N A S M X O G T
S A F P M M D H P A N V S M M U Q M
T V Q C C O S Y E D U T I P R U T O
E S E J A V R I G V I J F K N Y L F
N D U M R L T P C D S G Y F Z A M L
T I E O P P U Q M R U R O G T O I V
A M E L I O R A T I O N J Z T C A X
T W R K N C I E T S P X A G Y U V A
I U E A G E O O C W I Z E G Q K T D
O K M F W B L C W L G S G O F H E E
U Y B U N E C N E V U I E M C M U I
S T X Z L O K U D R U D S D S J U S
L Q X W R T I U U U P J E S Q G O K
H I Z U U T X E L E L T C J P C Y D
W P E R Z T S Y Z Y V R K M B X P X
```

LUKEWARM	OSSIFY	PRECLUDE
SANCTIMONIOUS	TUMULT	AMELIORATION
CARPING	DESIST	EXORCISM
IMPROMPTU	LUMMOX	OSTENTATIOUS
PRECOCIOUS	SANCTION	TURPITUDE

WS#23

```
Z S U O I C S U L Y P R B V E Z W
N H E L Q J J F K A A A F C Q N U
F T P U P L C A Y L X H Z U D O V
C M E C Y Y R A N I U G N A S Z L
W G N T A U F B J G Z W B R Y H J
E C D O N R O S S E C E D E R P J
Z J S E I E T A I R T A P X E U K
C Y L J S T I O W W B S W U M Y G
N A T V I T A D G J L N U J R H O
Z R S Q W T I T E R S H C O J N L
H K T T Z T A T N P A M I T Y H Y
G T C I I G H B U A X P N E U J O
V V L X L G B G T T C E H K Z Y B
G W A A M I A B L E I N J E S G K
I N A D V E R T E N T O I O R Y T
S A K Y O U I D E S P O N D E N T
B I I E X Q S S G D G O G L M C W
```

AMIABLE	CARTOGRAPHER	DESPONDENT
EXPATRIATE	INADVERTENT	LUSCIOUS
OUST	PREDECESSOR	SANGUINARY
TYRO	AMITY	CASTIGATE
DESTITUTION	EXPEDIENT	INCANTATION

WS#24

```
H C N Y L E C I A Q B I Z L J K X T
A O A D R T U O O M Y P W K R K Q Q
H N N T V U H X T S L Z X F Y S P V
O X X J H E A G Y N B U G Y K A L Q
P O I U C A T S U F E S O P C N N R
B K J U H M R I U O R N R Q B G N P
A T W P Y P A S D O R Q I E E U V N
W O N T V R R C I E H W Y M G I N I
H A X E S M S E H S P P R B E N S Y
D P B B M T H U T I P X R E I E A C
J E T D T A B B O E N R E O V O R N
V V Y M D N C F Y T D A O D M O D P
N U T O B C U I Z T I L T K Z A O G
F W Z V L J O T D Z M U X I R X N J
J J E J P L N O R E A K Q F O B I Z
G R H I N C A R C E R A T I O N C R
K Y F S Q Q R N F J V P D Y B D S E
Y H O B S M I B U M H O J Y X U Q H
```

LYNCH	OVERT	PREDICAMENT
SANGUINE	UBIQUITOUS	AMORPHOUS
CATHARSIS	DETER	EXPEDITE
INCARCERATION	MACHINATIONS	OVERWROUGHT
PREEMINENT	SARDONIC	UNALLOYED

WS#25

```
B B Y G I X D S I F D S H N S K
G M E D V W O T P R I F C T E F
H E S E D H S A V A N T J J I R
J C I T S U A C M Y L C C M C P
Z S P R N T I N C I P I E N T N
M C Y I E E K P A Q A T S H A U
P A S M P V I N A L O J E A Z N
F L G E O E I C G L O C U Q D D
V E R N Z R J T S J A G B Z S E
C M P T A H T A A E X T O L K R
Z J U A L N P S Y G R R A U Z M
T Y W L G O I J L H O P I B S I
I S R L D C N M F E N R G Q L N
P T S J W A E Z O H A O E J Q E
B C S U O U T C N U R M J R W D
T Y N R A Z Q P H B S K V Q P U
```

MAELSTROM	PALATABLE	PREROGATIVE
SAVANT	UNCTUOUS	ANALOGOUS
CAUSTIC	DETRIMENTAL	EXTOL
INCIPIENT	MAGNANIMOUS	PALISADE
PRESCIENT	SCALE	UNDERMINED

WS#26

```
V P J N S P R E S E N T I M E N T
F K S D M U H G R E B M D R C E J
B Y P W Z Q M K L I U E Y R K G L
Q R J P B P V J N C I R N B D G W
D E R U O V E D V I L X Z A B R J
X U O D D E X T E R O U S X Z N E
G G M X E J T A O G E P A C S Z F
S L B X K T R E B D F O A S C A G
Y U N O I T A N I L C N I M A B R
G G O J V U D N Y W Y E L X V X W
Y Q N E L N I Y G T X H N J A K M
G T X U N H T N Y A I Q C A L A S
P A C E M A E C U Z M R F R C U W
L E R O C S R E D N U D E B A R K
O P A L L I A T I V E Q Y L D N G
W Y Z V C T V W X M A L J N E H A
A D D V I T N E R E H O C N I C U
```

ANARCHY	CAVALCADE	DEVOURED
EXTRADITE	INCLINATION	MAGNATE
PALLIATIVE	PRESENTIMENT	SCAPEGOAT
UNDERSCORE	ANECDOTE	CELERITY
DEXTEROUS	EXTRANEOUS	INCOHERENT

WS#27

```
V  V  Y  I  S  U  K  C  E  J  K  B  W  B  P  W  Q
L  U  H  M  Y  Z  D  W  Z  L  A  E  Q  U  R  Y  X
S  I  Z  E  O  P  G  I  M  I  B  X  M  W  E  C  D
S  U  N  L  A  T  E  G  L  A  I  T  A  F  T  Z  H
B  O  O  C  A  N  O  L  K  L  L  R  L  Q  E  C  M
B  S  S  I  O  C  I  H  B  S  A  A  A  E  N  G  W
E  E  E  C  R  N  O  M  C  A  D  P  D  O  T  W  R
G  J  U  Z  R  O  G  V  O  I  P  O  Y  R  I  S  O
P  O  M  N  I  U  S  R  I  S  D  L  Y  D  O  M  E
G  L  D  Y  F  N  P  N  U  U  I  A  A  K  U  I  B
G  S  H  R  W  E  I  U  E  O  Q  T  J  P  S  M  T
U  X  K  S  G  E  T  T  L  C  U  E  Y  D  W  N  S
P  R  E  S  U  M  P  T  U  O  U  S  N  B  T  G  Y
X  S  E  T  O  R  K  D  E  R  U  V  P  U  I  R  T
N  T  C  S  G  O  Y  A  H  R  C  S  O  B  V  Y  Q
Q  T  K  A  Z  A  S  P  C  A  C  S  X  T  G  U  G
Y  G  O  B  T  G  G  Q  R  E  E  X  L  K  G  A  U
```

MALADROIT   PALLID   PRESUMPTUOUS
SCRUPULOUS   UNEQUIVOCAL   ANIMOSITY
CENSORIOUS   DICHOTOMY   EXTRAPOLATE
INCONGRUOUS   MALADY   PALPABLE
PRETENTIOUS   SCRUTINIZE   UNFETTER

WS#28

```
P  D  P  P  F  K  E  G  S  U  C  C  I  J  V  M  E  F  T  L
N  P  A  Z  A  I  H  E  T  B  C  R  T  Y  Q  P  R  Q  F  K
D  R  O  O  Q  N  N  W  O  E  S  G  P  D  B  V  L  E  R  B
D  R  X  C  N  C  A  M  B  C  C  K  P  T  I  D  D  F  E  F
T  F  O  B  I  O  I  C  E  L  U  U  B  A  N  S  Z  K  C  G
X  T  T  B  O  N  I  T  E  X  T  Q  W  P  P  T  A  N  W  X
H  S  Y  O  H  S  C  T  Z  A  T  D  D  S  X  C  J  R  O  K
W  B  V  Z  D  P  R  O  C  E  L  R  S  A  I  P  U  B  Q  R
O  R  R  U  I  I  W  Z  N  I  E  D  I  S  Y  F  N  J  F  G
I  A  M  L  F  C  D  E  W  S  D  H  X  N  T  Z  F  Z  C  B
D  A  X  F  F  U  K  A  T  S  E  E  E  O  S  J  R  R  N  X
Z  R  H  C  I  O  K  N  C  A  U  Q  L  Q  B  I  O  V  W  J
J  J  W  H  D  U  Y  N  Z  T  C  O  U  A  Q  T  C  O  H  X
Y  V  L  L  E  S  H  E  V  T  I  I  I  E  M  J  K  T  T  C
I  U  F  A  N  A  Q  X  R  C  O  C  R  C  N  Z  N  R  Q  A
H  E  B  R  T  F  D  T  C  U  W  O  S  A  A  T  A  D  L  D
M  V  Y  Y  M  I  T  Y  G  C  S  Y  Y  O  V  L  I  T  T  R
F  F  X  S  E  L  V  G  Z  V  T  N  Y  I  T  E  L  A  Q  K
L  V  E  V  T  P  T  T  X  C  O  C  E  R  E  B  R  A  L  V
H  F  I  V  C  M  T  L  P  G  S  L  Y  C  D  Z  T  P  F  Q
```

ANNEX   CENSURE   DIDACTIC
EXTRINSIC   INCONSEQUENTIAL   MALEDICTION
PANACEA   PREVARICATE   SCUTTLE
UNFROCK   VITAL   CEREBRAL
DIFFIDENT   FALLACIOUS   INCONSPICUOUS

WS#29

```
F L G A S P V T Y Q O Q N J Y B M E
I R G K K A Z E S E N S U O U S U S
Y P R T F R M A L I N G E R X V Z D
V R M X Y A Q E Y B A I G E N H A U
Y P A U V D T S D L I A T S X M X N
A T X N O I T L S U P L K S I F K P
X Z I O I G W T W K T J E I I M L R
B D G V D M X M P N N I A D Y R Q E
W A B C I A E B R A E R T O N X P C
H S N Q O L R S U H S S E R G I D E
J R A O B E C A P O N P L T E C M D
M H V I M F K O P S X R F X L C U E
N F L I Q A X P R T C W L L G A M N
X D J Y P C L C T P T B C I U L F T
Z K B F O T G Y R K H A K T P D V E
P C S T W O E Z T Z P Z M V A W S D
S E C F C R D E H T A C S N U U U Y
C C C B D I L J Y Y U L K V Y C F Y
```

MALEFACTOR
SEMINARY
CERTITUDE
INDELIBLE
PROCLIVITY

PARADIGM
UNPRECEDENTED
DIGRESS
MALINGER
SENSUOUS

PRISTINE
ANOMALY
FALTER
PARADOX
UNSCATHED

WS#30

```
D K R B A U Y N M K M P D Q P N V B
N T C F G P C I T S I N O G A T N A
A F X F S U O N E G I D N I L P T M
J A U N Q R U S G Z K C X G A R X Y
I N D I F F E R E N T W I D Y H S M
G A D I Y J H R C N J J C T X M O I
P T S P O Y D F E M T W H S A U W K
S I Y R C I O N S G X I X H Q N P S
M C K E H G T X U Q N Z N J M W A F
W A N T A G O N I S M I I E Z I R F
Y L H U R M J O L M G X L I L T A J
W F K G Y R O T A L I D B A U T G C
O W R D G X Z Y M C Y X Z W M I O O
H L J L B J K X X W H F O G T N N C
X V I C H A R L A T A N K L T G T G
C H G C R V Q Y T Z E K C A H C C P
O P R O C R A S T I N A T E A G E N
Q S J U X D I K E P E W X L K Q W B
```

ANTAGONISM
FANATICAL
PARAGON
UNWITTING
DILATORY

CHARLATAN
INDIFFERENT
PROCRASTINATE
ANTAGONISTIC
FANATICISM

DIKE
MALINGERER
SENTINEL
CHARY
INDIGENOUS

WS#31

```
Z P F O Y J O Y K U O S R P E Z X
U O G Y Y I E F Y A E R U R Z A C
A L T F C C D F P A R A M O U N T
O V B T C L R Y W F C G Y D M K K
G U K S E S E R E N D I P I T Y I
T T C E V L Z Y B L Z S N G E J C
Y H R Q L R L U P R O A R I O U S
J A N U D B F A S T I D I O U S X
M K V E N I A M M E L I D U Y F I
X J H S M P A E Z K S W H S H N N
Y L S T R A L R L O F I B I D U D
F K X E M R B N B L U H T G Q F O
S T C R B A D C N P A O J S C J L
A E O Q N S V Z N D U M D Y A N E
A P R O D I G A L Y P M A A G H N
U L P A N T E D I L U V I A N P C
R A O F P E L M V J L P A U H O E
```

MALLEABLE	PARAMOUNT	PRODIGAL
SEQUESTER	UPBRAID	ANTEDILUVIAN
CHASTISES	DILEMMA	FASTIDIOUS
INDOLENCE	MALLET	PARASITE
PRODIGIOUS	SERENDIPITY	UPROARIOUS

WS#32

```
J X H X K W U M H L S R L B X J W Y X H P
M E P K H K F Y V X H Z Z K Q Y U I H N T
E L B A T A L U P I N A M C E D B Z P N K
O V S U Z W N Y J W S S C E A R A V G C P
Y C M A F X I T U H F X I X X R V I M Y M
U R D Y Y Y D E H C R A P D Z H Z H K O E
R L E P B R Q U P R O F A N E Z K J V G A
X W U N P F T K Z T O T X X F X Y Z P T B
K S C H A A G N H S I P N S B N U H J W E
K J Q X E C H N E T Y N O N E L M J F X B
Y A E K D L I L I G N D C A D K B T V G
T G E P Q F A H L T I E G U E I B B Z Z Y
C O O L E O W C C I D L G S C N D M G G V
A M H L B U Q G I Z L D I L E T T A N T E
B X R S O I Y Y Q R O M M D U N E R F M Z
B Y R O P H S B U G E W A F W D E E I W P
Y E S U O U T A F M W M P Z A I N R L S L
R I K U G H A N E Z J T I H S I B I E S M
Z C Q F B K P G A F W U J H Z A U C K S V
Z Y C P X G U E L S M I M X C Z L Q S T P
A O X Q X G M B B B T J S L E L D F G K H V
```

ANTHOLOGY	CHICANERY	DILETTANTE
FATUOUS	INDUCTEE	MANIPULATABLE
PARCHED	PROFANE	SERENE
UPSHOT	ANTHROPOCENTRISM	CHIMERICAL
DILIGENT	FEASIBLE	INDULGENT

WS#33

```
G U F W D D D K F E P G Q T O A
L E D H G E E N A B R U H I I F
Q L E I H S T D N U O F O R P O
T S Z F O R E A W X F S V U T L
T H K Z L R W R U T A C Z Z L B
O A F V Y J A O R Q N E S P G K
B U S Q G Q V M B A I G Q A O O
B S Z M A R S H A L T T P R Z F
T U E M T C C A C S Y E N I K T
L R R R A I I R Y K N S D A L R
P P T Z V R S R F T D U G H S R
N O I T A I R B E N I N X U K G
S V M F J M L E Z L E R U O I Q
D S U B F V F E D N O N A C E E
Q C M V M X F J U A V H X P E I
B K H X J M Q Z T P F J C T X F
```

MARRED	PARIAH	PROFANITY
SERRATED	URBANE	ANTIQUATED
CHOLERIC	DIORAMA	FECUND
INEBRIATION	MARSHAL	PARITY
PROFOUND	SERVILE	USURP

WS#34

```
N K I E V U Y N A P A T H E T I C Z T
J R N D O C V N B W V C T F B M K D I
P F E L I C I T O U S K E C Y V Y H J
F Z F A F S W R T T A N E I F Y R R Y
I V F R E A A O E P R O F U N D I T Y
H S A K T X N P S L E H C R W N I T N
O Z B I N E T Y P U Q N P Y E G I D X
E U L Y J A H C H R O N I C L E R N X
Q O E E C U I J N T O T D M M S F A I
B C R H R O V R E F A B I D R F W P J
A J H G A Z G G A I C P A U E P N E Z
U U I Z O S K H L T C O A T C A D O H
M K K W S R J T Q C I Y W D I R G E D
H N D O Z Q A C C N V L C M D O I P Y
K X C L A C I T P E K S I Q Y C N C B
N L Z B N A R V F N Y W L T X H Q L W
N S P M A R S U P I A L E J U I R K C
O I J H J F U W X C U R X O O A J A L
J A N L I T T K E H N K D R Q L B C B
```

APATHETIC	CHRONICLER	DIRGE
FELICITOUS	INEFFABLE	MARSUPIAL
PAROCHIAL	PROFUNDITY	SKEPTICAL
UTILITARIAN	APATHY	CIRCUITOUS
DISAPPROBATION	FERVOR	INEPT

WS#35

```
Y Q T Y I M F T A I T R E N I A N B S
M C G E D D L Q J P E E Y W R P U V B
G V K Q N O I T U C O L M U C R I C T
J N P V J I R S S U O C K T K N Z Q X
H I A E G E T A C I Y H R C M K D W O
B E Y I M U L R P E H C Z Y I Y J F H
E Q O F P R M J A J R C I I P F A Z N
F Y U S X O N P R M A N O R M H N I Z
F P R O L E T A R I A N Y S G X A V Z
U Q T T C X L U Y O M L O C A C P L S
H V Y A D R A G G U L S K T W M P U P
Y Q R T V G L A V A C I L L A T E Z M
X B Q K G R G C X R Q Q F P W A R A A
D N I K V O Y W A J I S K I R M I S H
D J Z K X O F D T V J N W O C R L T E
Q Y D V R V Q M V A H S W C H Q N F E
A T U E W E Z D G S A C O O P G U K B
Q O I D X H F A R N T X H M X D I Q O
V M D S Q B Q E C U Q M S L A L W K Y
```

MARTINET	PARODY	PROLETARIAN
SKIRMISH	UTOPIAN	APOCRYPHAL
CIRCUMLOCUTION	DISCERN	FICKLE
INERTIA	MASOCHIST	PARRY
PROLIFIC	SLUGGARD	VACILLATE

WS#36

```
Z M I Z C R O L Z Z U H I V A J L
A J N Y K E D B C P A J L S D Y Z
W S E P Q B V O U J P M A T I J V
S E V I S N E H E R P P A D S U G
Z S I U G U C K A L E U C I C U C
V N T L U F T I F S A U B S O S R
D E A K Y E B I R C S M U C R I C
S Z B S J H S P N C E G P O D V L
C M L E U E C S R E U M S R A W Z
P D E Q Z O Y R E O X M Y D N L Y
O J N L U P U U A N P O S C C N X
I B T C T U T C V I I O R P Y L A
W V D J Y W Z T A S R F N A E H O
Q V X G E B F E T V N T G E B C M
A P S U O I N O M I S R A P N L T
F E X S O Y P C H O K K Q M Q T E
T D L G T A M Q M O A V I K X C S
```

APPEASE	CIRCUMSCRIBE	DISCORD
FINESSE	INEVITABLE	MATRIARCHY
PARSIMONIOUS	PROPONENTS	SMELT
VACUOUS	APPREHENSIVE	CIRCUMSPECT
DISCORDANCY	FITFUL	INEXORABLE

WS#37

```
O D X M N J E Y F T T K R N H N
R H Z Q K A S B L I C H S P O R
S E S L Q C S O I V J N E N D B
Z W F J F S I I L R B B E A G I
Y B Q F T L C R T A C N Y J G X
T N Q Y C N A P E R C S I D F U
I C O J D I E G B V A E O L V A
A X J M W Y A V R T A P I R M R
R V A P I D W S M A N M W X P A
R E Y S P S J Z O U N A M U S B
B F G N W E R I Y R C T R S Q L
C W B A Z I Z A Z B P R Q G I E
S D T N E I D E P X E N I U A U
S Z S U M M U T V V I O E C S V
I R D U D R O B S A G R O M S W
I M U A S A B M S A W D Q A T Y
```

MAVERICK	PARSIMONY	PROSAIC
SMORGASBORD	VAGRANT	ARABLE
CIRCUMVENT	DISCREPANCY	FLAGRANT
INEXPEDIENT	MEAGER	PARTISAN
PROSCRIBE	SOLACE	VAPID

WS#38

```
T J C H X J D Y N P R O S O D Y S X O
U L E Q M Q F E Y C H U T V U U T F X
A F L A X Q L I T E U S E C P L D Q K
V W L H E X A M N A J D C C B X F U H
O L J R V C M E A F G D U H M H K I L
H A F Y A L B P T Y A E B Y F M P O C
H T Y H X A O D F A J L I N D N E F Y
J P D R N M Y G T B N T L R Y Z D Y E
G R K X A O A B C E X I N I A R I O O
G G A R E R N U L D P T M U B V M N W
S O L I C I T N A Y O V R I A L C J Y
D I S C U R S I V E N E S S R L E P K
E W D U R P F K B N M A N O X C F S I
Q V A R O E N A C R A J Z Z H A S B N
E V T A I M D G B Q A Q W E E T D I M
S H E L Q K A N Z S Q Y V E C O A G D
I P F W F D E F A C N D J S E D S P N
R W L A D N M K N E R E G S E Q M L I
S W V S E Z O G O I M Z W M F A T I D
```

ARBITRARY	CLAIRVOYANT	DISCRIMINATE
FLAMBOYANT	INFALLIBLE	MEANDER
PATHOS	PROSODY	SOLICIT
VARIEGATED	ARCANE	CLAMOR
DISCURSIVENESS	FLAUNT	INFAMOUS

WS#39

```
Q L A K K S O M N A M B U L I S T
W P P R O S T R A T I O N Q P D W
D W I E C U E C Y Z V O K T T H Y
Q D G D C H S O O T H S A Y E R Z
P J I C L N A W N X H D M O I K O
G R Y S L O E I Y G Z W P X U U U
N Q O A D A M M C I D N O I X O O
N W E T J A N Z E F X O F L W C L
B E F W A X I D Y H J P L B L M A
S E I R E G A N E M E N I N F E R
O V S A E V O D H S V V P X V L M
F J U J E Z I N O R T A P Y Y T O
B V B P J L S D I R U I A L S K P
C H G I K X P X G S N H N S I U E
U A W F P Z K M B P T D T E M Q O
E F E V T T N E M E H E V D N J M
K N A B X F E E X J E R I U B Q R
```

MELLOW	PATRON	PROSTRATION
SOMNAMBULIST	VEHEMENCE	ARCHAIC
CLANDESTINE	DISDAIN	FLIPPANT
INFER	MENAGERIE	PATRONIZE
PROTAGONIST	SOOTHSAYER	VEHEMENT

WS#40

```
I D H E L W J Z V M S F W G M K E I
N T E U K W B S B Y S V U P K W B R
G V A T F T K Z A K C E O R E I J N
E D V J S D U O Z P G N V I U L Z B
N I J I L E C O I M C B E I K M B Z
U W U P N F R Z L L Y Y A M H V G D
E X N B H G Q E T F F Q N S E C A X
B G J T L P R O T E A N D B V L R O
C E A I U A C A G N H J G Z C I C A
M M K R X N N I T Y I W Y V I C H W
R J C O A C D E R E T S U L F H E H
T F F P R P Z Y V O Y K I C L E T M
G C U X A U S S P B M P O D J X Y N
J G J T M U V I K G V O P A W K P N
D D S U O I C A D N E M H K S G E V
N P J I Q B M I W A D Z M P E D J B
Q S Z J Z L F V T B E Q S Z O A E Z
E U I M X K X O X Y C T Q X P S X K
```

ARCHETYPE	CLEMENCY	DISINTERESTED
FLOUT	INGENUE	MENDACIOUS
PAUCITY	PROTEAN	SOPHOMORIC
VENAL	ARCHIVES	CLICHE
DISPARAGE	FLUSTERED	INGRATE

WS#41

```
J H O W S M R T E Z Y B J W S A F
U O O T V E L Q W G U Z M I J R K
R K R I D R R O X I E C G F A T I
E X R G Z C G L M U X T M K Y I G
S P A R S E L Y T U Y W O D R C N
E T H G I N - Y B - Y L F R D U T
D E P K P A T O T A D M K H P L X
Z L L I C R L M L I M T T C C A L
M G I E D Y C O E L R G G B I T T
K H N M T W E I C R I A I H N E M
W S G S K N P T F O C D P U I G Y
M M R R T G E J A I T U A S M J U
Z B J L E P D I L R R O R C I L J
F I M O T E A C L Q E O R I C D I
K H O V Q L N T L C I N P P A E N
L K Y D A D T E I L C P E O L L P
H N R W S E M C V F V G O V S F P
```

MERCENARY	PECCADILLO	PROTEGE
SOPORIFIC	VENEER	ARTICULATE
CLIENTELE	DISPARITY	FLY-BY-NIGHT
INIMICAL	MERCURIAL	PEDANT
PROTOCOL	SPARSE	VENERATE

WS#42

```
P D R C G D T K S P W Y E I X N F K
V S C B P U S L E D U T I T R O F H
D X Z P A G Z G A C O D D L E Y V G
Z I J D W N N C Q I I S F P C Y D A
X N E Y I O U I O X C F E M R Q B J
K C F N C S E V T S E N I C S P O Y
R U G W A O P G I A Z K I T Z T M T
K B L I U I W A B J N H H V R P C R
B F F N N T R R S A E I E I O A B U
O W V Q F N A T B S I C M C P R S X
L Z R T I B O U S C I F S E J T P B
N N U R C F Y C L E I O Q E S I E E
A T J Z V A K G U A D R N M L S C U
G J M E M G R B W O I E P A N A I H
M H P Z G B O G S S U N P J T N O D
F H H I P R Q G U I X S E H Q E U C
B O M E C J E T A N N I B V F K S Q
N D W P R X U M A P C C A J U O Y H
```

ARTIFICE	COALESCE	DISPASSIONATE
FORENSIC	INNATE	MERGE
PEDESTRIAN	PROVINCIAL	SPECIOUS
VENIAL	ARTISAN	CODDLE
DISSEMINATING	FORTITUDE	INNOCUOUS

WS#43

```
F W Y S N F L H U P A F Q R H G F Q L
F P A W U C C H N S M G P I D Y D D Y
Y Y N Z T O M O Z E S Y X R Z B D H N
B L T U Q G T S E T T E W Q W X J U F
V L L I P N D I U R N A L K C K W M J
L W N A C J W B U O C E V R X C Z E N
P V R A C A I C L T L I D O E F I L E
P E V X Y I R K F C R U O U N E N Q G
D K J E L I R E U P I O C N R N P W G
V N P O V H F O V B U T F I Y P I O Z
K H Q E R D V R H T M U E B T G D K P
A H D J U A F E H P L J N C T E O O H
X U L G C Z T R R J A L E O S O M W Z
V S P O R A D I C B E T S Y Z A A X S
Y V U J Y P A B V M O C E B Q S E W N
Z P P F D E L K C E P S B M K Q H M U
O I W U R E V A H C K K E V M F R R K
N V D T B W U M M M F O Z G A S M V C
X A F T U A S F D V I M K B D F P G T
```

METAPHORICALLY	PEERLESS	PRUDENT
SPECKLED	VERACITY	ASCETIC
COERCION	DIURNAL	FORTUITOUS
INNOVATE	METICULOUS	PEJORATIVE
PUERILE	SPORADIC	VERBOSE

WS#44

```
N R T D I C U L L E P A S O G R
P S P N I V F O F Q X C K M R Z
E K M F E V E R B O S I T Y K G
X L V C Q I E S A P R X B L T I
G R I Z O F T R U C K A S O L Z
U W Q C O G E N T O T P K P S U
S F Q Y O J I O E K I I Q W U H
M D W E M D H T G S E R O C Y N
Z D M N U W Z Z A P N S U U A H
F R A U D U L E N T B I O P S X
Y C Y B F M E T T L E J G X S P
P V M K B P U N C T I L I O U S
Z T B U K I O H R F C M K Z A G
Q E L B A T U R C S N I H D G Y
L S W G P Q S I Z G V P E S E K
G X A S S I D U O U S K S A Y Y
```

ASSIDUOUS	COGENT	DIVERT
FRACTIOUS	INSCRUTABLE	METTLE
PELLUCID	PUNCTILIOUS	SPURIOUS
VERBOSITY	ASSUAGE	COGITATE
DOCILE	FRAUDULENT	INSENTIENT

WS#45

```
S F Z P I S C K M H I O Z F Y M C B
S F F J C S M N E Z F J E H K P Y B
P U W R U I S G N G B W O F N Y A U
L Q O P A E T U T S A I O L Z P S O
M A A M H A Z A O N E L H M G T C Z
E D I W I E R I M L A K L F T Y F Q
M T H G F N D T Y G O N Y O W A I Q
W U R L I Q A I P P O V G Y C G M V
F V S C N T U L A G M D I A M O W K
E K W D M H S P L T D T I R T P T R
H L Z U X P L E V I S N E P F S I W
N P U R L O I N V E S J U E I L I M
X A C O I E I U I T R U F O Q S L I
A K I Z T O E R Q J U T P M O N N R
O P M N W G H Y I V B X I Q X E I I
Y O T L Q A C T U A S T I G T F I R
Z Y T Z Z U M O T T S W F B O X J X
H Z F F Q R M E X J K U E G U X E X
```

MILIEU	PENSIVE	PURLOIN
STAGNANT	VERTIGO	ASTUTE
COLLAGE	DOGMATIC	FRIVOLOUS
INSIPID	MIRE	PENURY
PUSILLANIMOUS	STAID	VESTIGIAL

WS#46

```
L R W W J Y X T D R A T O D U K
S W N Z O E P V F J L A G U R F
P I W A S R A S Y L U M B P M N
S J R I P E R C E P T I V E O H
H B P N L A I U Q O L L O C Z I
I K D S H W Z W F J Q N M M O A
C R O T A G I T S N I U I F Z A
K S M I S A N T H R O P E O A N
H E T G U P V B Q U J L R O Q P
D W O A T H E I S T L O D F Q Y
C Q E T N A A I N A M O R Y P G
T Z G E V Z C X E H U U P R D Y
B I R Z G K A G F B V K W V F S
E T T E N G I V A V V G O V I A
R O L T A L H H N T F E M Y M K
W R Q F R E T A L L O C S B M R
```

ASYLUM	COLLATE	DOLT
FRUGAL	INSTIGATE	MISANTHROPE
PERCEPTIVE	PYROMANIA	STANZA
VIGNETTE	ATHEIST	COLLOQUIAL
DOTARD	FURROW	INSTIGATOR

WS#47

```
S P O U O P Q Z P Z V T J J N K
A M X I F R E L L C U F Y D N V U
A I L G M I B R L F P V S M L I Y
G S H R F V P I D K G I T I R L E
T N E G R U S N I I Z N E S C I P
M O M Z N D R N T H T D R O O F V
H M Y H P O R T A F P I E G R I N
J E M D E D I A I N A C O Y S C W
X R E B R L U S W V T A T N Y A X
D Z X R C L V K U L E T Y I Z T Q
W U Y S I O A A R L R E P S P I U
A F I P P M Q N A Q L H E T Z O A
K E U U I G G K Z O L O T K G N F
K R K W E J B A M E R O C C J L F
S T A U N C H Y U K V D V V Z S Y
Y D W R T F G Z Z Q A J Q R Y P R
I Q Y E A Y J T O D O W N U F C B
```

MISNOMER	PERCIPIENT	QUAFF
STAUNCH	VILIFICATION	ATROPHY
COLLUSION	DRAWL	FURTIVE
INSURGENT	MISOGYNIST	PERDITION
QUAGMIRE	STEREOTYPE	VINDICATE

WS#48

```
C P L G M Z K R N R M N N J F O R D Y W N V
O S O R G D C E V T H O K S F K X V F P I K
K W O U R E R I P Z X Y W R E O I O L V F G
Y T T C Y U B R Y W X D R D U V N G D G D C
Q Q Q C A T C S T E V E D O R E T B D X Z O
V V R U R A J F B N C J O L T Q E N O B C D
C Y L C A V A W M N I L Y Z B P R H W B F X
S Z D O C I U M X R Z D T W L X M H V W M S
Q X I T Z T N E T T I M R E T N I E U F M U
K U T F V I R T U O S O T C C H N H R N W G
W O C L L L F G Y R J G V C F H A H X E H Q
I I J Y N I E M J Q C F J H T L B W T U P E
E Y L Q P Q Y V F I H R A F Q Y L B A N V L
G T I H Q I P P J K F S X K U X E O D P V L
L A C N R W J Z C X Q Q M N A T O B R D H L
T I L S U P Z T X Q I C L D U D I X I D B N
R G H L F L U Y B F T X A S G B E L V S O U
A J T N E C A L P M O C O M M A N D E E R S
Q Y I P L O H K V E T A U N E T T A L I B E
E U T N X J N X B Y Z R C Y N Y J L H P Y Z
G Y V M I S R E P R E S E N T A T I O N P F
L F V S W A N C G G H J P E Y H F B S Y L T
```

ATTENUATE	COMMANDEER	DRIVEL
FUTILE	INTERMINABLE	MISREPRESENTATION
PEREMPTORY	QUAINT	STEVEDORE
VIRTUOSO	AUGMENT	COMPLACENT
DROLL	GALLEON	INTERMITTENT

WS#49

```
A O E L R S M J P K O D G Y L K E R
F E S U O I C I P S U A N N E X A X
T Z N M O B M O E Z Z K L V I C V I
Q Z I I X O M U M S T O I C I R Q T
Y I G Z T V E A G P H H N Z R M G M
E E T H N T W G Q L S T I F L E L
S P C D P Q A A N Y U I R X M Q J N
O Y E D R X B R O B C A A V U M C J
S K R R P O N X A E Y Q N N M Y T N
X J N A F I N B O U T D S D T G K S
U Q T W O U M E J C Q A I Z A I O U
H C C N B T N U L C H G G F L R Z J
T Y S C E F F C N J T P E I R V Y U
T Z X T M L W Z T W V F N J T E J J
I P F A V Z U B M O D I C U M I P N
A O Y L G I K R J E R O E F S C M T
U F X E W J B U I H V Y F C P M Q T
F H Q L S S C N V V T U S J H U C Q
```

MITIGATE	PERFIDY	QUANDARY
STIFLE	VIRULENT	AUSPICIOUS
COMPLIANT	DRONE	GAMBOL
INTRANSIGENCE	MODICUM	PERFUNCTORY
QUARANTINE	STOIC	ANNEX

WS#50

```
S O H B K F E Y U J T R T A P V W
Y U A Y J X V T I K K O E C K H F
T G O K P Z X G A F R B A Z C Y Y
V N W I J O F C T L F U E Q A P K
K R A L R S C H I B U S P U F O E
H T Q S V E U R S G X T A E K Q J
E I P D S O T C I A R P S C E F Q
X Z U E I E P E U T V A J O U F T
P X Y T I R C A L A I A H P P U P
O Q E E Z K Q N N E C C C T H B Q
S Q W R P C M V I O D U A E E X A
I Y Z I G E K C V E E Z C L M L I
T P P O B E P A N A L G E S I C Q
I H Z R M S J C U N V G R L S H W
O N N A C X W L S U A Z O U M W C
N C R T U Q Y K T R A C T A B L E
L R S E K T W Q F F Z U D A W G A
```

ANALGESIC	CAUCUS	DETERIORATE
EXPOSITION	INCESSANT	ALACRITY
BURGEON	DELETERIOUS	EUPHEMISM
HYPOCRITICAL	LETHARGIC	OGLE
POSTULATE	ROBUST	TRACTABLE

Exploring The Word's Meanings
- in Alphabetical Order -

750 Words & their Meanings

A

Abasement	:	humiliation; degradation
Abhor	:	hate
Abrasive	:	rough; coarse; harsh
Abrogate	:	cancel; deny; repeal
Absolution	:	forgiveness; pardon; release
Abstain	:	desist; go without; withdraw
Abstemious	:	self denying; refraining from indulging
Abstruse	:	difficult to understand; obscure
Accolade	:	tribute; honor; praise
Acquiesce	:	to agree to; give in to
Acrid	:	sharp; pungent (used of smells and tastes)
Acrophobia	:	fear of heights
Acuity	:	sharpness (mental or visual)
Adamant	:	forceful; inflexible
Adroit	:	skillful
Adulation	:	strong admiration; worship
Adversity	:	hardship
Advocate	:	support
Aesthetic	:	concerning art or beauty
Affable	:	friendly; social; easygoing
Alacrity	:	eagerness; enthusiasm; quickness
Alchemy	:	medieval chemistry; attempt to change base metal into gold
Alibi	:	an excuse that shows someone was not at a crime scene
Allay	:	to lessen
Alleviate	:	make less severe
Aloof	:	distant; detached; cold
Altruism	:	putting others first; being self-sacrificing
Amass	:	accumulate
Ambiguity	:	uncertainty; vagueness
Ambiguous	:	unclear in meaning; can be interpreted in different ways
Ambivalence	:	lack of clarity; wavering; being undecided
Ambulatory	:	able to walk around (used of hospital patients)
Ameliorate	:	make better
Amelioration	:	improvement
Amiable	:	friendly
Amity	:	friendship
Amorphous	:	lacking in shape
Analgesic	:	medicine to combat pain
Analogous	:	comparable
Anarchy	:	chaos; lack of government
Anecdote	:	a brief amusing story
Animosity	:	hatred; antagonism
Annex (n)	:	a building which is an addition to an existing building
Annex (v)	:	take possession of; seize; capture
Anomaly	:	something which does not fit in a pattern; irregularity
Antagonism	:	hostility; strong opposition
Antagonistic	:	opposed; hostile; aggressive

750 Words & their Meanings

A

Antediluvian	:	outdated; prehistoric; very old-fashioned
Anthology	:	a book which is a collection of poems or stories
Anthropocentrism	:	putting man at the center of one's philosophy
Antiquated	:	outdated; old fashioned
Apathetic	:	indifferent; uninterested; lethargic
Apathy	:	lack of interest or emotion
Apocryphal	:	of doubtful origin
Appease	:	pacify; soothe; calm down; make peace with
Apprehensive	:	worried; fearful
Arable	:	can be cultivated
Arbitrary	:	random; for no definite reason
Arcane	:	obscure; known only to a few people
Archaic	:	ancient; outdated; old fashioned
Archetype	:	classic example of
Archives	:	collections of old records; place of storage of old documents
Articulate	:	clear; lucid; eloquent
Artifice	:	deception; trickery
Artisan	:	craftsman
Ascetic	:	without luxuries; severely simple
Assiduous	:	thorough; diligent
Assuage	:	to calm
Astute	:	perceptive; sharp-witted
Asylum	:	place of refuge or safety
Atheist	:	person who does not believe in God
Atrophy	:	waste away from lack of use
Attenuate	:	weaken
Augment	:	increase; make bigger
Auspicious	:	favorable; promising to turn out well

B

Bigot	:	narrow-minded, prejudiced person
Bilk	:	cheat; defraud
Billowing	:	swelling; fluttering; waving
Blasphemy	:	speech which offends religious sentiments
Blatant	:	obvious
Blighted	:	damaged; destroyed; ruined
Blithe	:	free-spirited; carefree
Blunderbuss	:	1. ancient weapon (type of gun); 2. a clumsy person
Bolster	:	support; prop up
Bombast	:	arrogant, pompous language
Boorish	:	ill-mannered
Bourgeois	:	middle class
Braggart	:	someone who boasts
Brawny	:	muscular
Brevity	:	being brief
Bristle	:	to show irritation

750 Words & their Meanings

B

Broach	:	start to discuss; approach
Brusque	:	blunt; abrupt
Bulwark	:	fortification; barricade; wall
Bureaucracy	:	officialdom
Burgeon	:	grow; flourish; put forth new shoots
Burnish	:	polish
Buttress	:	strengthen; support
Byline	:	the line that tells you who wrote an article

C

Cacophony	:	discordant loud noises
Cajole	:	coax
Caldron	:	huge cooking pot
Callow	:	immature
Candid	:	frank; honest
Candor	:	frankness; openness
Cantankerous	:	bad-tempered; quarrelsome
Capacious	:	spacious
Capitulate	:	surrender; give in to
Carping	:	constant criticism
Cartographer	:	person who makes maps
Castigate	:	scold strongly
Catharsis	:	purging of pent-up emotions
Caucus	:	type of private political meeting
Caustic	:	burning
Cavalcade	:	procession of vehicles
Celerity	:	speed
Censorious	:	disapproving; critical
Censure	:	blame
Cerebral	:	intellectual
Certitude	:	certainty
Charlatan	:	trickster who claims knowledge he doesn't have
Chary	:	wary of; cautious about; reluctant to give
Chastises	:	punishes
Chicanery	:	trickery
Chimerical	:	changeable; unstable
Choleric	:	easily angered
Chronicler	:	person who records historical information
Circuitous	:	indirect
Circumlocution	:	using too many words; long-wideness
Circumscribe	:	limit
Circumspect	:	cautious; considering all sides
Circumvent	:	avoid
Clairvoyant	:	psychic; mystic
Clamor	:	shout; scream
Clandestine	:	secret; covert; stealthy

750 Words & their Meanings

C

Clemency	:	mercy
Cliché	:	overused expression; something unoriginal
Clientele	:	customers
Coalesce	:	come together; merge
Coddle	:	pamper; fuss over; indulge
Coercion	:	force
Cogent	:	lucid; well argued
Cogitate	:	think over something; ponder
Collage	:	picture made from fragments of other pictures
Collate	:	arrange in order
Colloquial	:	local and informal (used of language)
Collusion	:	plotting and planning
Commandeer	:	take possession of
Complacent	:	self-satisfied; smug
Compliant	:	easy to control; submissive
Counterfeit	:	fake; false
Covert	:	hidden; undercover
Cower	:	recoil in fear or servility; shrink away from
Credible	:	believable
Creditable	:	praiseworthy
Credulous	:	gullible; ready to believe anything
Crepuscular	:	active at dawn and dusk
Cringe	:	recoil; flinch; shy away
Cryptic	:	puzzling; enigmatic
Curtail	:	cut short
Cynical	:	believing that people act only out of selfish motives

D

Debility	:	weakness; incapacity
Debunking	:	exposing false claims or myths
Decathlon	:	an athletic competition with ten events
Decorum	:	dignified, correct behavior
Decoy	:	lure; trap; trick
Deference	:	respect
Defoliate	:	cause leaves to fall off
Defunct	:	no longer in existence
Degradation	:	deprivation; poverty; debasement
Deleterious	:	harmful
Deliberate	:	to think over deeply
Delineation	:	demarcation; explanation; definition; outlining
Demur	:	hesitate; refuse
Denounce	:	condemn; speak out against
Deplete	:	use up; lessen
Deplore	:	regret
Depravity	:	moral corruption
Deprecate	:	criticize; denounce

750 Words & their Meanings

D

Deride	:	ridicule; make fun of; mock
Derogatory	:	uncomplimentary
Desecrate	:	to damage or pollute a holy place
Desecration	:	spoiling something holy
Desist	:	stop; discontinue; cease
Despondent	:	having no hope; miserable
Destitution	:	hardship; poverty; misery
Deter	:	put off; prevent
Deteriorate	:	worsen; decline
Detrimental	:	harmful
Devoured	:	greedily eaten/consumed
Dexterous	:	skillful with hands
Dichotomy	:	a division into two parts
Didactic	:	intended to teach; instructive
Diffident	:	lacking confidence
Digress	:	wander off the subject
Dike	:	dam; embankment
Dilatory	:	slow; falling behind with one's work
Dilemma	:	puzzling situation
Dilettante	:	person who dabbles in a subject without serious study
Diligent	:	hard-working
Diorama	:	model of a scene
Dirge	:	mournful song
Disapprobation	:	disapproval
Discern	:	to distinguish one thing from another
Discord	:	disagreement
Discordancy	:	cacophony; harshness; jarring
Discrepancy	:	something which does not match up; inconsistency
Discriminate	:	to make a clear distinction; see the difference
Discursiveness	:	long wideness; indirectness
Disdain	:	contempt; strong dislike
Disinterested	:	unbiased
Disparage	:	criticize; belittle
Disparity	:	an inequality
Dispassionate	:	neutral; objective
Disseminating	:	circulating; broadcasting; spreading (information)
Diurnal	:	active in daytime
Divert	:	1. entertain; 2. distract; 3. cause a detour
Docile	:	gentle and easily lead
Dogmatic	:	having stubbornly held opinions
Dolt	:	stupid person
Dotard	:	foolish old man
Drawl	:	speak slowly with words running together
Drivel	:	nonsense
Droll	:	dryly amusing
Drone	:	1. monotonous noise (n); 2. to speak with no emotion (v); 3.male bee

750 Words & their Meanings

E

Enfranchise	:	give voting rights
Engender	:	cause
Enhance	:	improve; make better or clearer
Enigma	:	puzzle; mystery
Ensconce	:	establish firmly in a position
Enshroud	:	cover
Enunciation	:	clear pronunciation; accent; articulation
Envenom	:	to cause bitterness and bad feeling
Ephemeral	:	short-lived
Epicure	:	someone who appreciates good food and drink
Epistle	:	a letter (form of communication)
Epistolary	:	concerned with letters; through correspondence
Epitomized	:	typified; characterized; personified
Equivocate	:	speak ambiguously; avoid telling the truth
Err	:	make a mistake
Erratic	:	wandering; irregular
Esoteric	:	obscure and difficult to understand
Espouse	:	promote; take up; support
Etymology	:	the study of word origins
Eulogy	:	praise
Euphemism	:	a polite phrase to cover something unpleasant
Euphony	:	pleasant sounds
Evacuate	:	vacate; empty; abandon
Exacerbate	:	make worse
Exasperated	:	frustrated; annoyed
Exceptionable	:	very bad (something which we should object to)
Exculpate	:	free someone from blame; pardon; acquit
Execrable	:	very, very bad
Exegesis	:	scholarly explanation or interpretation
Exemplary	:	outstandingly good; setting a fine example
Exemplify	:	to serve as a good example
Exhaustive	:	complete and thorough
Exonerates	:	acquits; absolves; removes blame
Exorcism	:	getting free/rid of; eliminating (especially demons)
Expatriate	:	refugee; emigrant; someone living away from his own country
Expedient	:	convenient; practical
Expedite	:	make faster
Exposition	:	clear explanation
Extol	:	praise
Extradite	:	deport from one country back to the home country
Extraneous	:	irrelevant
Extrapolate	:	extend; predict on the basis of known data
Extrinsic	:	irrelevant; on the outside

750 Words & their Meanings

F

Fallacious	:	false.
Falter	:	hesitate; waver
Fanatical	:	obsessive; fixated
Fanaticism	:	passion; excessive devotion
Fastidious	:	overly particular; finicky
Fatuous	:	silly; foolish
Feasible	:	possible and practicable
Fecund	:	fertile
Felicitous	:	apt
Fervor	:	passion; enthusiasm
Fickle	:	unpredictable; whimsical; easily swayed
Finesse	:	skill
Fitful	:	not continuous; stopping and starting
Flagrant	:	clearly wrong
Flamboyant	:	showy; ornate
Flaunt	:	show off; display in a showy manner
Flippant	:	making jokes about serious matters
Flout	:	defy; reject
Flustered	:	worked-up; not calm
Fly-by-night	:	unreliable; disreputable
Forensic	:	concerned with argument or debate (esp. for legal evidence)
Fortitude	:	bravery
Fortuitous	:	happening by chance
Fractious	:	irritable; difficult to control
Fraudulent	:	fake; false
Frivolous	:	not serious
Frugal	:	economical; not wasting anything
Furrow	:	groove
Furtive	:	hidden and secret
Futile	:	useless; hopeless

G

Galleon	:	ancient type of sailing ship
Gambol	:	frolic; leap; bound

H

Hamper	:	hinder; obstruct
Hangar	:	storage area (like garage) for a plane
Harangue	:	noisy, attacking speech
Harbingers	:	indicators; bringers of warnings
Hasten	:	hurry; accelerate; rush
Haughtiness	:	arrogance; pride
Headstrong	:	stubborn; willful
Hedonism	:	self indulgence; pleasure-seeking
Hedonist	:	a pleasure seeker

750 Words & their Meanings

H

Heed	:	listen to
Heresy	:	against orthodox opinion
Hiatus	:	interruption; pause
Hidebound	:	rigid in opinions
Hieroglyphics	:	1. picture writing; 2. writing which is difficult to read or enigmatic
Hinder	:	obstruct
Histrionic	:	theatrical; exaggerated
Hoary	:	old
Hone	:	sharpen; increase; whet
Hyperbole	:	grossly exaggerated speech
Hypochondriac	:	a person obsessed with health; having imaginary illnesses
Hypocritical	:	insincere

I

Iconoclast	:	person who opposes orthodoxy
Idiosyncrasy	:	a personal peculiarity; something unique to an individual
Ignominious	:	shameful
Ignominy	:	shame [ignominious (a) = shameful]
Illuminate	:	to light up or make clear
Illusory	:	deceptive; false; misleading
Immoderate	:	excessive; extreme
Immutable	:	unchanging; permanent
Impartial	:	unbiased; neutral
Impecunious	:	having no money
Impious	:	wicked; profane
Impoverished	:	destitute; poor
Impromptu	:	unrehearsed; spontaneous
Inadvertent	:	not intentional
Incantation	:	chant; invocation; prayer
Incarceration	:	putting in prison
Incessant	:	without stopping
Incipient	:	just beginning
Inclination	:	tendency; a leaning toward
Incoherent	:	not clear
Incongruous	:	not fitting in; out of place
Inconsequential	:	unimportant; insignificant; negligible
Inconspicuous	:	not easily seen; subtle; not noticeable
Indelible	:	cannot be wiped out
Indifferent	:	1. neutral; 2. not outstanding
Indigenous	:	native to a particular area
Indolence	:	laziness
Inductee	:	novice; beginner
Indulgent	:	pampering; satisfying desires
Inebriation	:	drunkenness; intoxication
Ineffable	:	cannot be expressed in words
Inept	:	incompetent; unskilled; useless

750 Words & their Meanings

I

Inertia	:	inactivity; lethargy
Inevitable	:	cannot be avoided
Inexorable	:	relentless
Inexpedient	:	not advisable
Infallible	:	perfect; flawless; cannot make mistakes
Infamous	:	famous for something bad
Infer	:	deduce; conclude
Ingénue	:	naïve, unsophisticated person
Ingrate	:	ungrateful person
Inimical	:	hostile
Innate	:	inherited; inborn
Innocuous	:	harmless; inoffensive
Innovate	:	create; introduce something new
Inscrutable	:	mysterious; impenetrable
Insentient	:	unfeeling
Insipid	:	dull; bland; boring
Instigate	:	to start; provoke
Instigator	:	troublemaker; person who entices others to do something
Insurgent	:	a rebel
Interminable	:	never-ending
Intermittent	:	sporadic; irregular
Intransigence	:	stubbornness

K

Kindle	:	to start a fire
Knotty	:	complex; difficult to solve

L

Labyrinth	:	a maze
Labyrinthine	:	complicated; highly convoluted
Laceration	:	a cut
Lachrymose	:	tearful; sad
Lackluster	:	dull; monotonous; bland
Laconic	:	using few words; brief; to the point
Lamentation	:	expression of regret or sorrow
Lampoon	:	ridicule; spoof
Lance	:	spear; spike; javelin
Languid	:	tired; slow
Languish	:	decay; fade away; get weaker
Larceny	:	theft; robbery; stealing
Largess	:	generosity
Laud	:	praise
Lavish	:	on a grand scale; wasteful
Lax	:	careless; not strict
Legend	:	1. key to map; 2. myth or story

750 Words & their Meanings

O

Ordain	:	1. destine; 2. confer holy orders on a priest
Ornate	:	highly decorated
Orthodox	:	conventional
Ossify	:	1. turn to bone; 2. become fixed and rigid
Ostentatious	:	showy
Oust	:	push out of a position
Overt	:	obvious; not hidden
Overwrought	:	worked up; in an emotional state

P

Palatable	:	good to eat; agreeable
Palisade	:	fence made of posts
Palliative	:	a remedy that improves but doesn't cure
Pallid	:	pale
Palpable	:	easily felt; easily perceived
Panacea	:	remedy for all ills
Paradigm	:	1. example; 2. model; 3. way of looking at things
Paradox	:	apparently contradictory statement
Paragon	:	a perfect example
Paramount	:	of supreme importance
Parasite	:	1. scrounger; 2. animal which takes digested food from another
Parched	:	dried up
Pariah	:	an outcast from society
Parity	:	equality
Parochial	:	narrow-minded; concerned only with local matters
Parody	:	a mockery; imitation for ridicule; spoof
Parry	:	ward off; avoid
Parsimonious	:	economical; frugal; thrifty
Parsimony	:	stinginess; frugality; cost-cutting
Partisan	:	biased; one-sided; committed to one group
Pathos	:	evoking sadness or pity
Patron	:	one who give support (usually financial)
Patronize	:	condescend to; behave in an arrogant manner towards
Paucity	:	shortage
Peccadillo	:	minor weakness; trivial offense
Pedant	:	person who insists on strict adherence to rules or narrow learning
Pedestrian	:	common; mundane; banal
Peerless	:	without equal
Pejorative	:	derogatory
Pellucid	:	transparently clear
Pensive	:	in a thoughtful mood; thinking deeply
Penury	:	poverty
Perceptive	:	observant
Percipient	:	perceptive; insightful
Perdition	:	damnation
Peremptory	:	in a commanding manner

750 Words & their Meanings

P

Perfidy	:	treachery
Perfunctory	:	superficial; cursory
Placid	:	calm; peaceful
Plagiarism	:	taking credit for someone else's writing or ideas
Plaintiff	:	petitioner (in court of law)
Plaudit	:	statement giving strong praise
Plausible	:	can be believed; reasonable
Plethora	:	an excess
Pliable	:	flexible; not stubborn
Plumage	:	feathers of a bird
Plummet	:	fall suddenly and steeply
Podium	:	raised platform
Poignant	:	deeply moving; strongly affecting the emotions
Poised	:	calm; collected; self-possessed
Polemical	:	causing debate or argument
Ponderous	:	weighty; slow and heavy
Pontificate	:	speak pompously or dogmatically
Portend	:	foretell
Portent	:	a warning sign; omen
Poseur	:	someone who puts on an act
Posterity	:	future generations
Posthumous	:	after death
Postulate	:	hypothesize; propose
Potable	:	suitable for drinking
Potent	:	powerful; compelling; strong
Pragmatic	:	practical
Pragmatist	:	practical person; one who is concerned with usefulness
Preamble	:	introductory material
Precarious	:	unstable; risky
Precedent	:	a previous occurrence used as a guide
Precept	:	guiding principle
Precinct	:	district of a city
Precipice	:	steep slope
Precipitous	:	done in a hurry
Preclude	:	prevent or make impossible
Precocious	:	developing early
Predecessor	:	one who came before
Predicament	:	dilemma; difficult situation
Preeminent	:	famous; outstanding
Prerogative	:	right or privilege
Prescient	:	having fore-knowledge
Presentiment	:	a feeling that something might happen
Presumptuous	:	assuming too much; arrogant
Pretentious	:	pompous; self-important
Prevaricate	:	speak misleadingly and evasively
Pristine	:	unspoiled
Proclivity	:	tendency towards

750 Words & their Meanings

Procrastinate	:	delay; put off
Prodigal	:	wasteful; extravagant
Prodigious	:	very large
Profane	:	unholy
Profanity	:	swearing; cursing
Profound	:	having deep meaning
Profundity	:	depth
Proletarian	:	member of the working class
Prolific	:	producing a lot
Proponents	:	promoters; supporters
Prosaic	:	dull; boring; ordinary
Proscribe	:	forbid
Prosody	:	study of versification
Prostration	:	1. lying face down; 2. be overcome with extreme weakness
Protagonist	:	main character in film, book, play etc.
Protean	:	changeable
Protégé	:	person under protection of, or guided by another
Protocol	:	procedure; code of behavior
Provincial	:	unsophisticated; narrow-minded
Prudent	:	cautious; wise
Puerile	:	childish
Punctilious	:	paying attention to small details
Purloin	:	steal
Pusillanimous	:	cowardly
Pyromania	:	compulsion to start fires

Q

Quaff	:	drink down quickly
Quagmire	:	marsh; bog
Quaint	:	picturesque
Quandary	:	dilemma; puzzle
Quarantine	:	isolation to prevent the spread of disease

R

Remuneration	:	payment for work done
Renown	:	fame
Replete	:	full
Reprehensible	:	shameful; very bad
Reprieve	:	a respite; postponement of a sentence
Repudiate	:	shun; eschew
Rescind	:	retract; repeal
Resignation	:	acceptance of fate
Resolution	:	determination
Resonant	:	echoing
Respite	:	a break; intermission
Resplendent	:	shining; glowing
Restorative	:	a tonic

750 Words & their Meanings

R

Retention	:	preservation; withholding
Reticent	:	restrained; holding something back; uncommunicative
Retraction	:	withdrawal; cancellation of a statement
Revere	:	worship
Riddled	:	full of (usually full of holes)
Rife	:	common
Rigor	:	thoroughness
Robust	:	strong; healthy; tough
Rotund	:	round
Ruminate	:	think over something; ponder
Ruse	:	trick; stratagem

S

Saccharin	:	falsely sweet
Sacrosanct	:	very holy; inviolable
Sagacious	:	wise
Sage	:	a wise person
Salacious	:	lecherous; erotic
Sallow	:	yellowish
Salubrious	:	health-giving
Salutary	:	something which teaches you a lesson; beneficial
Sanctimonious	:	hypocritically holy
Sanction	:	give approval to
Sanguinary	:	bloodthirsty; bloody
Sanguine	:	optimistic; cheerful
Sardonic	:	mocking
Savant	:	person with knowledge
Scale	:	to climb
Scapegoat	:	person on whom blame is placed for faults of others
Scrupulous	:	careful; diligent; painstaking
Scrutinize	:	examine carefully
Scuttle	:	sink
Seminary	:	an institution in which priests are trained
Sensuous	:	appealing to the senses
Sentinel	:	guard; sentry
Sequester	:	isolate
Serendipity	:	fortunate coincidence; unsought discovery
Serene	:	calm; peaceful
Serrated	:	jagged; saw-like
Servile	:	overly submissive; groveling
Skeptical	:	doubting; not gullible
Skirmish	:	minor battle
Sluggard	:	slow-moving; lethargic person
Smelt	:	refine an ore
Smorgasbord	:	a Swedish buffet of cold dishes
Solace	:	comfort for grief

750 Words & their Meanings

S

Solicit	:	to ask for; seek
Somnambulist	:	sleepwalker
Soothsayer	:	fortuneteller
Sophomoric	:	juvenile; immature
Soporific	:	inducing sleep
Sparse	:	spare; bare; meager
Specious	:	false.
Speckled	:	spotted; freckled; dotted
Sporadic	:	not continuous; intermittent
Spurious	:	false.
Stagnant	:	still; not moving
Staid	:	dull; sober; serious
Stanza	:	section of a poem
Staunch	:	loyal; faithful; dependable
Stereotype	:	fixed image
Stevedore	:	dockworker
Stifle	:	suppress
Stoic	:	known for fortitude; indifferent to pleasure or pain

T

Talisman	:	lucky charm
Tangent	:	going off the main subject
Tangible	:	can be touched
Tardy	:	slow; late; overdue; delayed
Tawdry	:	of little value; gaudy
Tedium	:	boredom
Temper	:	to moderate; soften
Tenacious	:	stubborn; resolute; holding firm to a purpose
Tentative	:	not certain
Tenuous	:	flimsy; not solid
Terse	:	concise; to the point
Therapeutic	:	medicinal; curative
Thwart	:	prevent; frustrate
Timorous	:	cowardly; fearful
Tirade	:	stream of verbal abuse
Titter	:	giggle quietly
Tome	:	large book
Torpid	:	inactive; lazy; stagnant
Torpor	:	dormancy; sluggishness; inactivity
Totter	:	walk unsteadily
Tractable	:	obedient; dutiful; polite
Tranquil	:	peaceful
Transcribe	:	copy
Transgress	:	go astray; disobey; commit a sin
Transient	:	short-lived; ephemeral
Traverse	:	to move across

750 Words & their Meanings

T

Trepidation	:	fear
Trinket	:	something of little value; knickknack
Trite	:	unoriginal; dull
Trivial	:	unimportant
Truant	:	shirker; someone absent without permission
Truncate	:	cut short
Tumult	:	uproar; noise
Turpitude	:	depravity
Tyro	:	novice; beginner

U

Ubiquitous	:	found everywhere; omnipresent
Unalloyed	:	undiluted; total
Unctuous	:	oily; using excessive flattery
Undermined	:	damaged; attacked
Underscore	:	emphasize
Unequivocal	:	clear; obvious
Unfetter	:	set free
Unfrock	:	to remove a priest from his position
Unprecedented	:	never having happened before
Unscathed	:	unharmed; intact; without a scratch
Unwitting	:	not deliberate; unconscious
Upbraid	:	scold; tell off; reprimand
Uproarious	:	hilarious; hysterical; very funny
Upshot	:	outcome
Urbane	:	sophisticated; suave
Usurp	:	take someone's position (usually by force)
Utilitarian	:	useful
Utopian	:	a believer in an ideal world

V

Vacillate	:	waver; hesitate
Vacuous	:	empty; silly; meaningless
Vagrant	:	person wandering without a home
Vapid	:	dull; uninspiring
Variegated	:	multicolored; speckled
Vehemence	:	violence; fervor; forcefulness
Vehement	:	forceful
Venal	:	corrupt; can be bribed
Veneer	:	surface coating
Venerate	:	revere; worship
Venial	:	minor; unimportant
Veracity	:	truthfulness
Verbose	:	talkative; long-winded; rambling
Verbosity	:	using too many words

750 Words & their Meanings

V

Vertigo	:	dizziness
Vestigial	:	not developed
Vignette	:	small sketch
Vilification	:	blackening someone's name
Vindicate	:	prove right; remove blame
Virtuoso	:	an accomplished musician
Virulent	:	dangerous; harmful
Vital	:	essential; alive; important

Did you know?

1. Of all the information transmitted to our brain, 90% is visual.
2. As opposed to text, visuals are processed 60,000 times faster.
3. We humans can get the sense of a visual scene in less than 1/10th of a second.
4. 40% of our nerve fibers are linked to the retina of the eyes.
5. Our brain can see images that last for only 13 milliseconds.
6. Our eye can register 36,000 visual messages every hour.

Adding up all my scores:

My Total Score: ..../ 750

About The Author

Dex Saunier is an entrepreneur, an executive coach to hands-on owners and management teams, a business adviser, and involved in career and start-up coaching. A passionate public speaker on leadership and communication topics. His work has helped hundreds become better leaders, communicators, and influencers in their fields.

It is during his journey towards innovation that he became particularly interested in the evolution of visual learning, critical thinking, decision-making, and problem-solving skills, as well as in mind mapping. Sharing his passion for visual learning, as a mean to develop further soft skills, he has also published various series of Sudoku and Kakuro games books. Creating from scratch and publishing mind game books has become a passion.

He has lived in Paris, London, and Hong Kong and currently resides in Shanghai. He has two incredibly awesome daughters.

He holds a Bachelor of Science in International Management, an IELTS, TEFL/ TESOL certifications, and regularly embarks on a journey of relentless learning of new skills.

He continues to coach youngsters and adults, create workshops and deliver keynote speeches. To stimulate the mind's activity, he regularly releases original books for everyone to enjoy.

References

While the author has made every effort to provide accurate internet addresses at the time of publication of this book, neither the publisher nor the author assumes any responsibility for errors, or for changes that occur after publication. Further, the author does not have any control over and does not assume any responsibility for third-party websites or their content.

Want to know more about Visual Learning?

Credits, References & Links:

https://elearningindustry.com/visual-learning-benefits-tips

https://www.edulize.com/visual-learning-and-its-advantages/

https://www.ecoleglobale.com/blog/how-is-visual-learning-more-beneficial-than-traditional-learning/

https://blog.byjus.com/the-learning-tree/exam-tips-motivation/visual-learning-can-help-become-better-learner/

1500
SAT Advanced Words
Word Search & Vocabulary Builder

SAT
PREP 2023 - 2024
VOCABULARY
BUILDER
- Vol. 1 -

SAT
PREP 2023 - 2024
VOCABULARY
BUILDER
- Vol. 2 -

::: <u>**YOU ENJOYED THIS BOOK?**</u> :::
Leave a comment on my Amazon listing
What you like about this book & What to improve

Scan Me

& Leave your Comment

THANK YOU, AGAIN

Made in the USA
Las Vegas, NV
13 November 2023

80794300R00085